小学館文庫

幸せの法則

大谷徹奘

小学館

はじめに

誰も代わってくれない人生、たった一度の人生。

私は自分に与えられた命と心を使って歩む人生に、凄く興味があります。命とは間違いなく時間です。その時間は永遠には続きません。また長さも確約されていません。

その不安定な命を使って、先の見通せぬ人生を歩いて行かねばならないのです。では、どのような心がまえで歩みを進めれば、「幸せな人生」と言うことができるのでしょうか。

17歳からはじめた仏道修行も40余年となりました。その間、お釈迦様をはじめとする歴史上の人物から生き方を学ぶだけでなく、同じ時代を生きている多くの方の生き方も見聞させていただきました。

その中から学び得たものは沢山あります。特に意識して見つめてきたのは、「幸せな人生」を過ごすために不可欠だと強く感じている「法則」についてです。

私は自分で直接、見たもの、聞いたもの、という限定的な経験でしか物事の判断が出来ません。それでも懸命に「幸せの法則」に取り組んできました。学んではっきりと認識できたのは、「幸せ」には実に多くの顔があるということでした。

そこで本書では、①図で解く 心と人生 ②心のしくみと幸せの種 ③救いの言葉「観自在」という3章をたて、「幸せの法則」にアプローチしてみました。

いずれも未熟なものであることは承知しています。それでも必ず読者の一助になると信じています。

そしていつの日か、すべての人に通用する「幸せの法則」を説くことができるように、更なる精進を重ねる所存です。

合 掌

令和5年2月5日
玄奘三蔵の御命日の日に

大谷 徹奘

目次

第一章　図で解く　心と人生

人生とは
坂道のような
一本の線

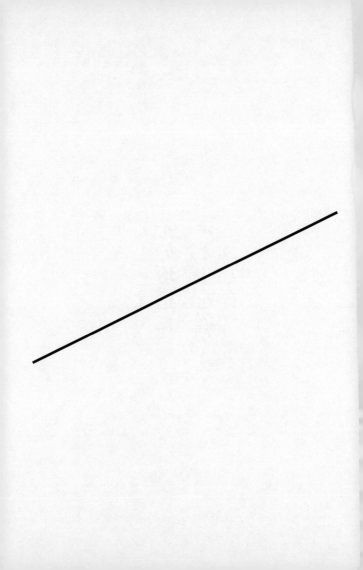

その坂道に
ボールを置く

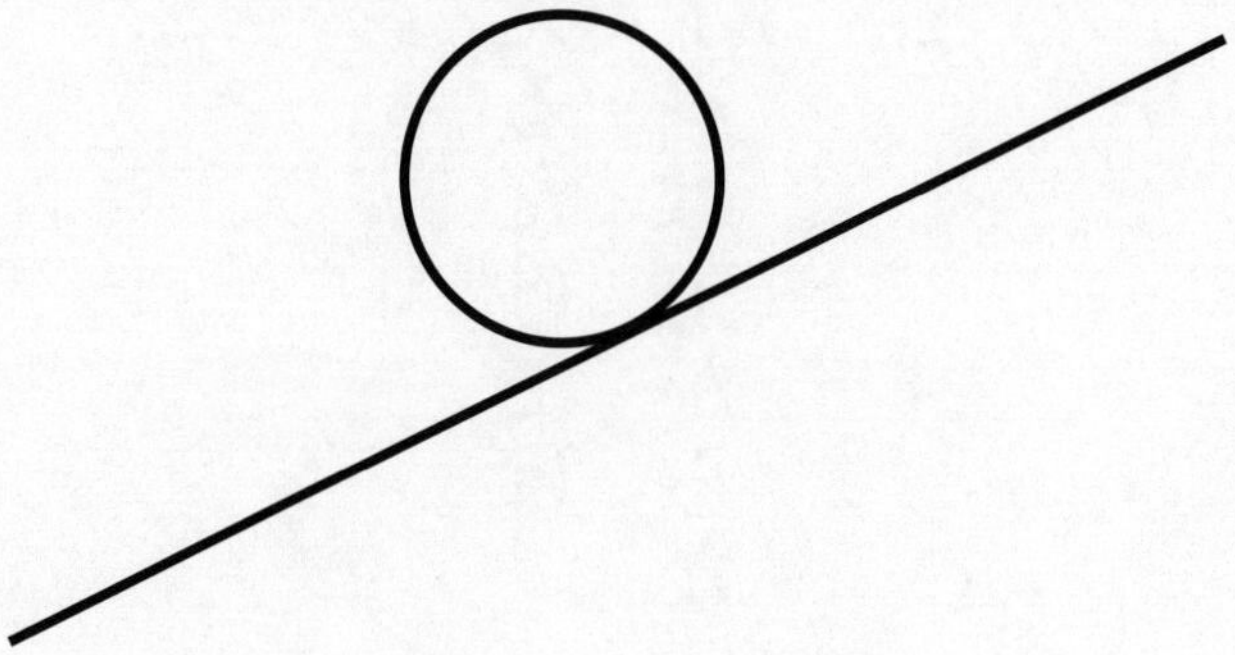

支えるだけでは
ボールは上がらない

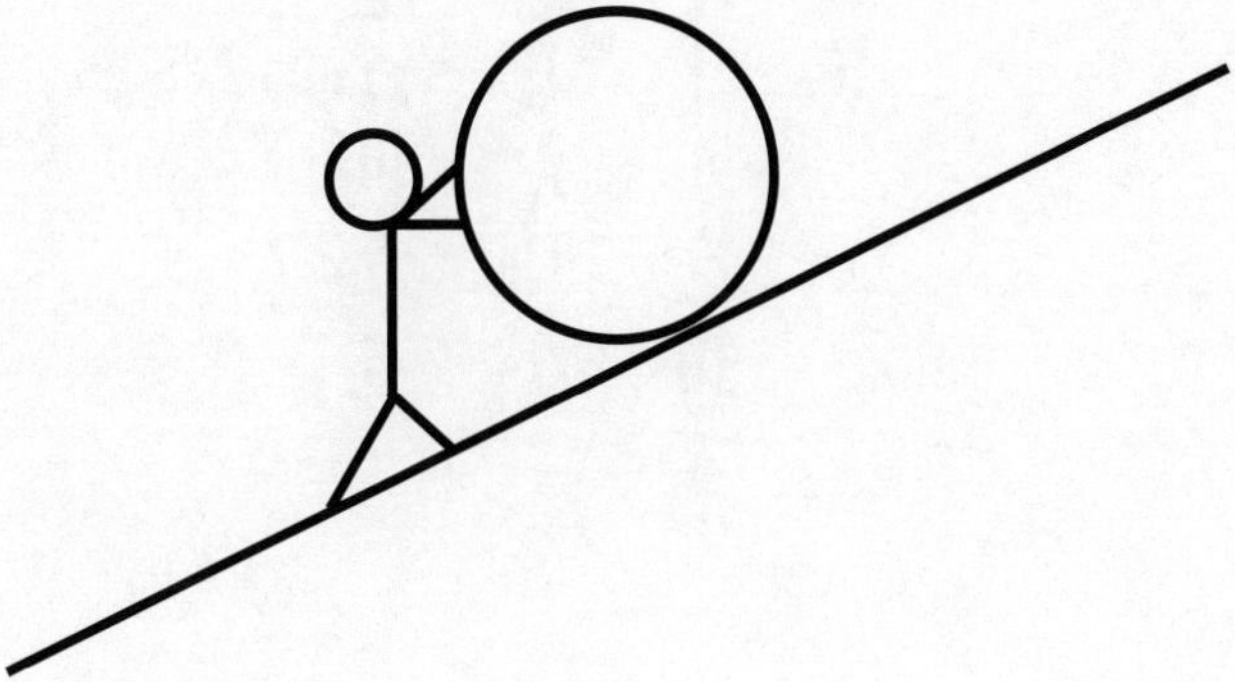

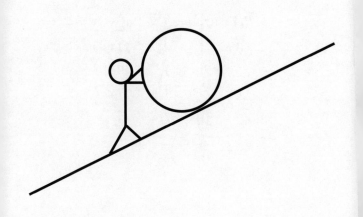

心が何かを
感じた時が
ボールを押す
始点となる

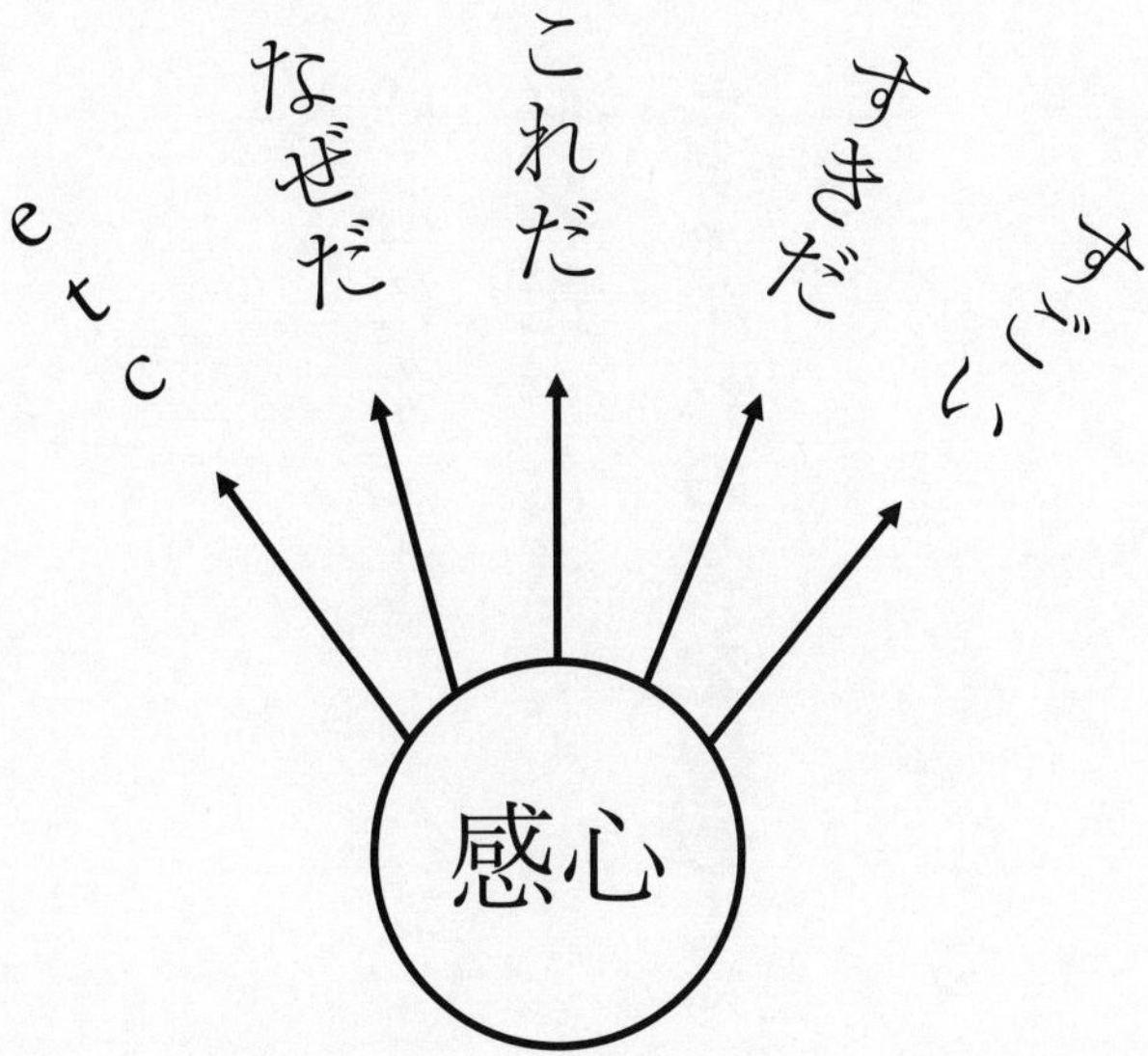

感心
すごい
すきだ
これだ
なぜだ
etc

感心によって
無名だったボールは
・・・・
あこがれの名を持つ

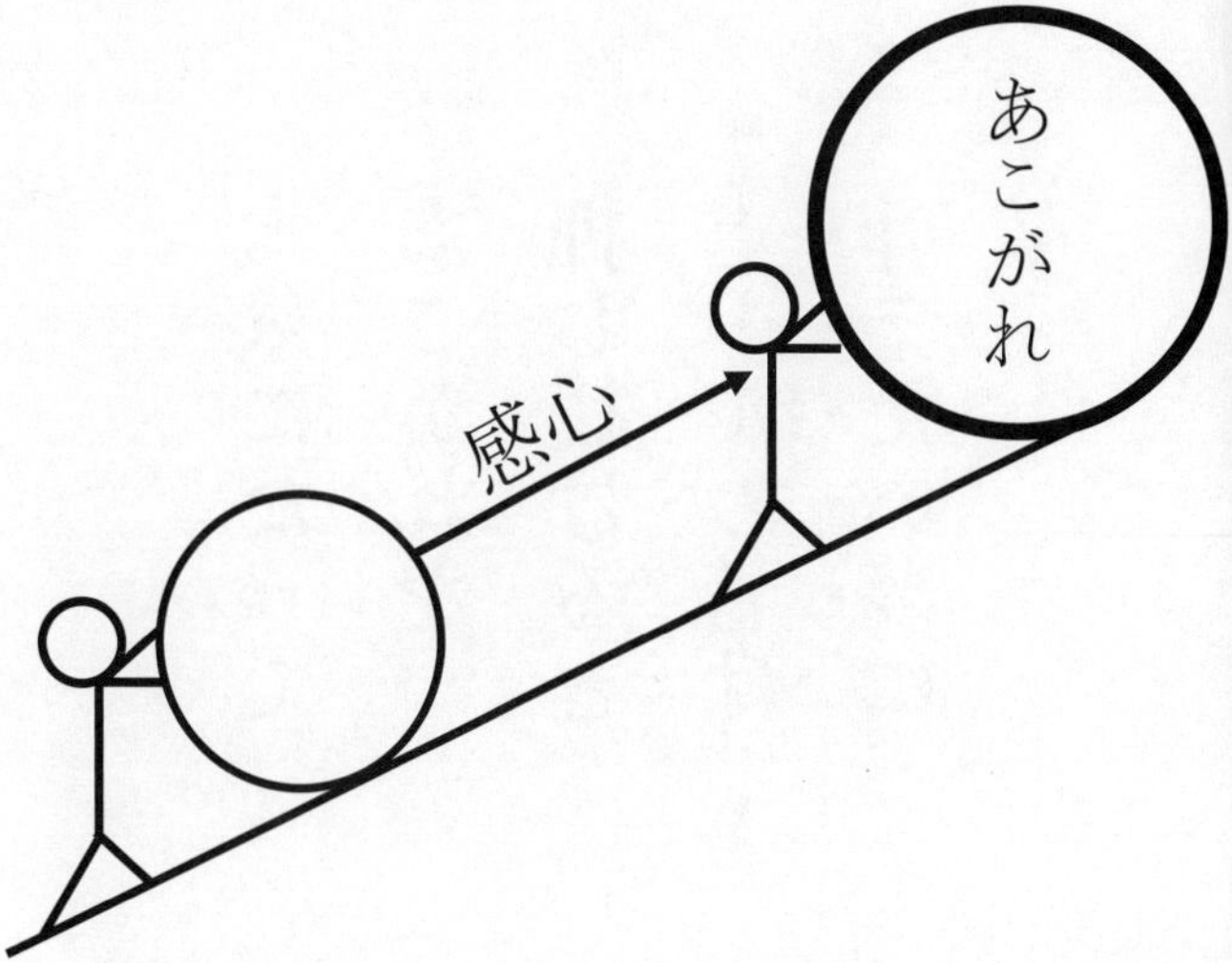
感心
あこがれ

本気になって
あこがれを
押し続けると
ボールの名は
・・・・・
叶えたい夢に

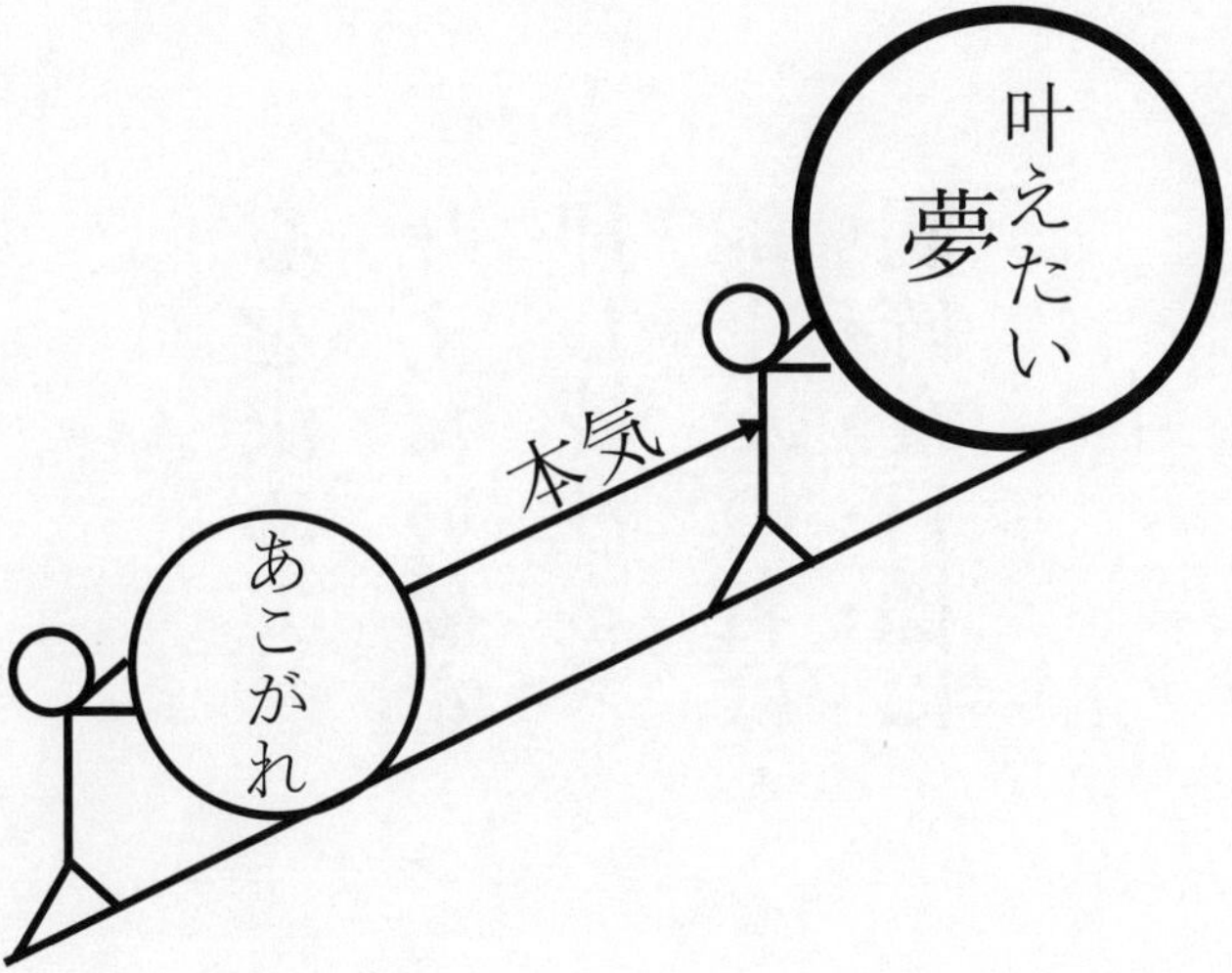
叶えたい夢
本気
あこがれ

心を決めて
叶えたい夢を
押し続けると
ボールの名は
・・・・・
明確な目標に

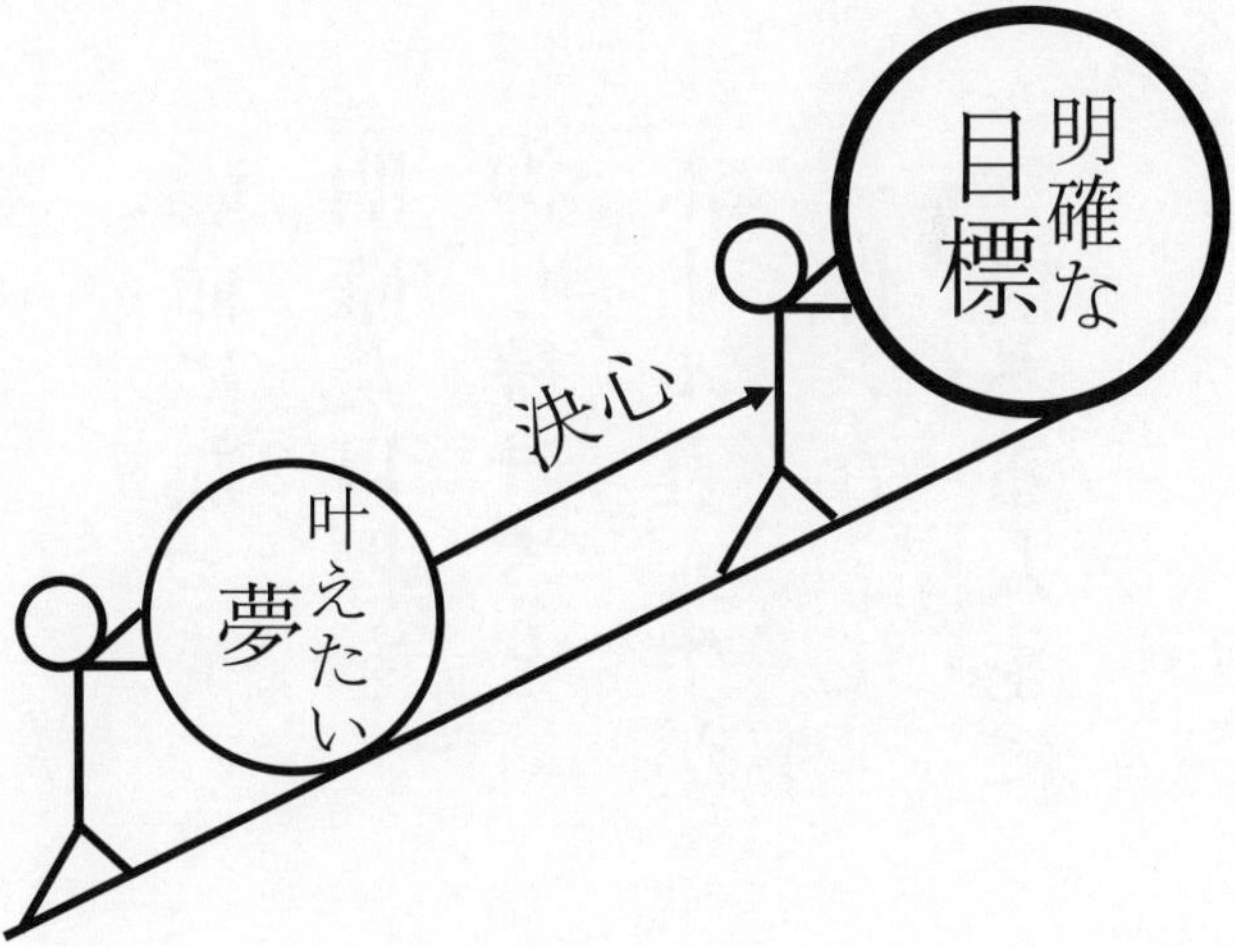

夢
叶えたい
決心
目標
明確な

懸命になって
明確な目標を
押し続けると
ボールと人生が
一体となって
・・・・・・
覚悟ある人生に

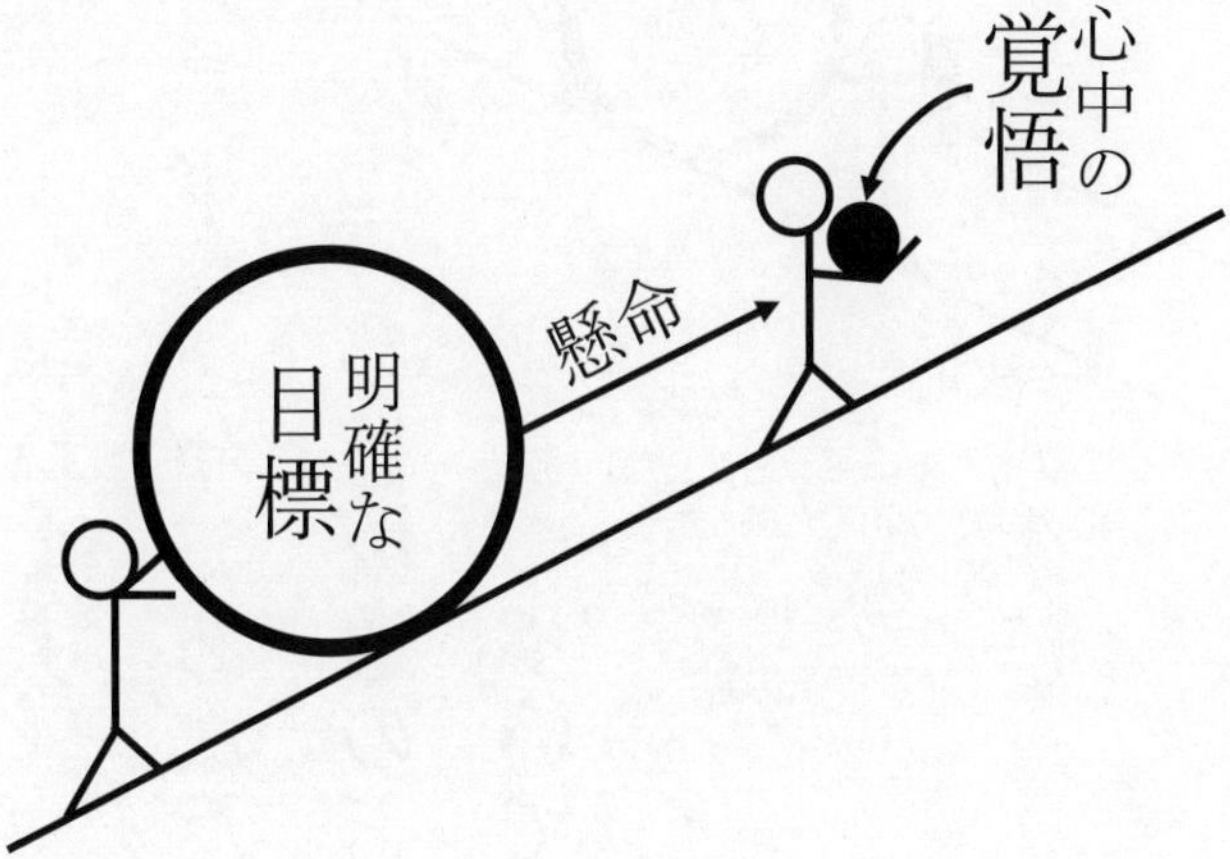
心中の覚悟
懸命
明確な目標

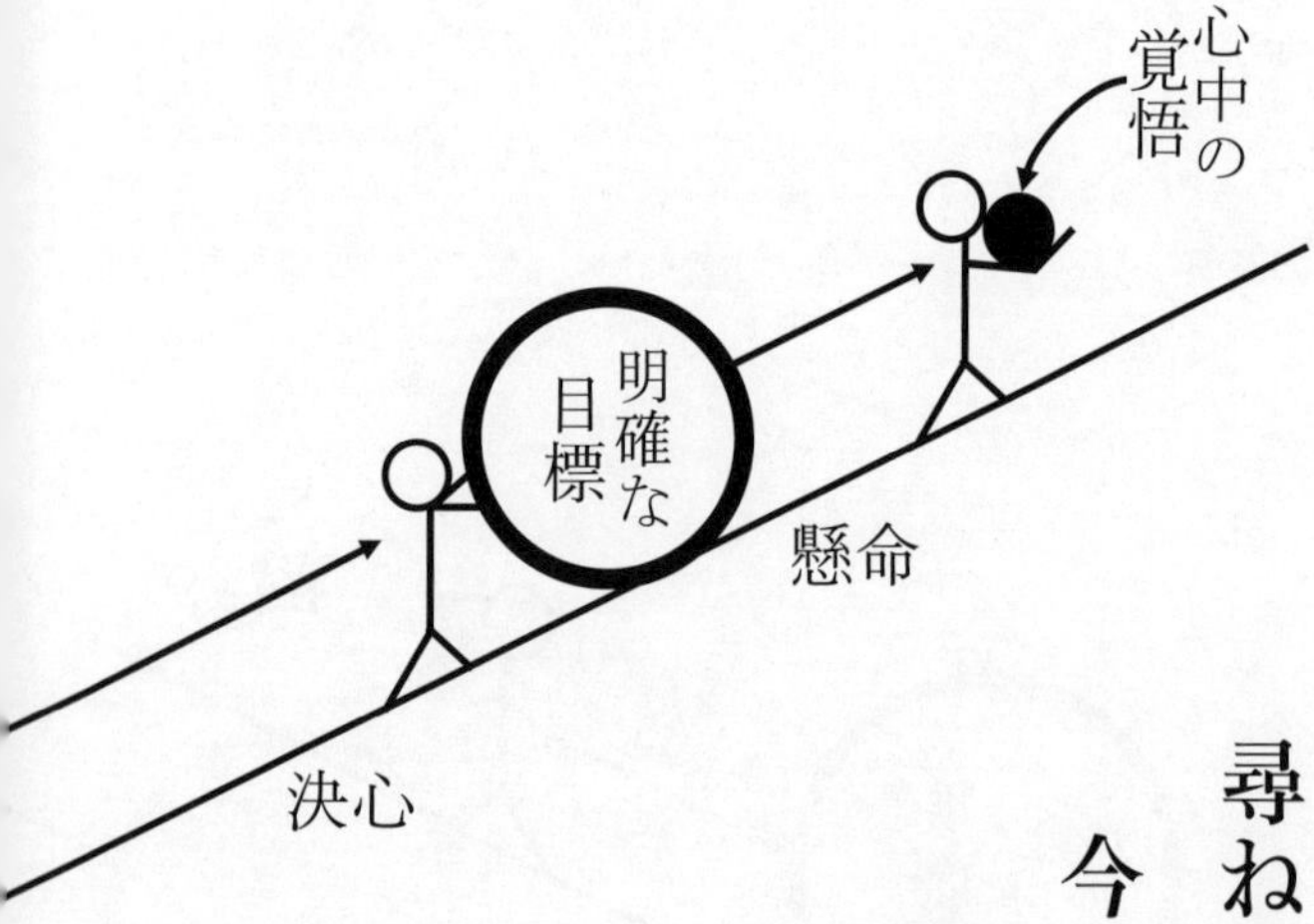

尋ねます
今、あなたは
坂道のどこを
歩いていますか

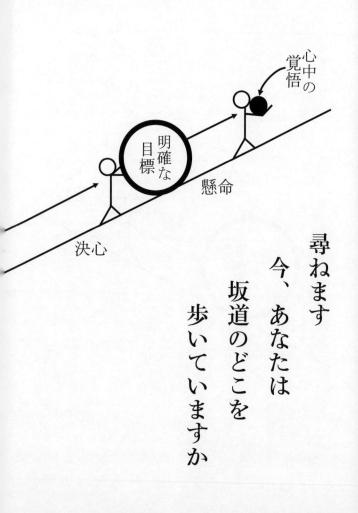

もう一度
尋ねます
今、あなたは
坂道のどこを
歩いていますか

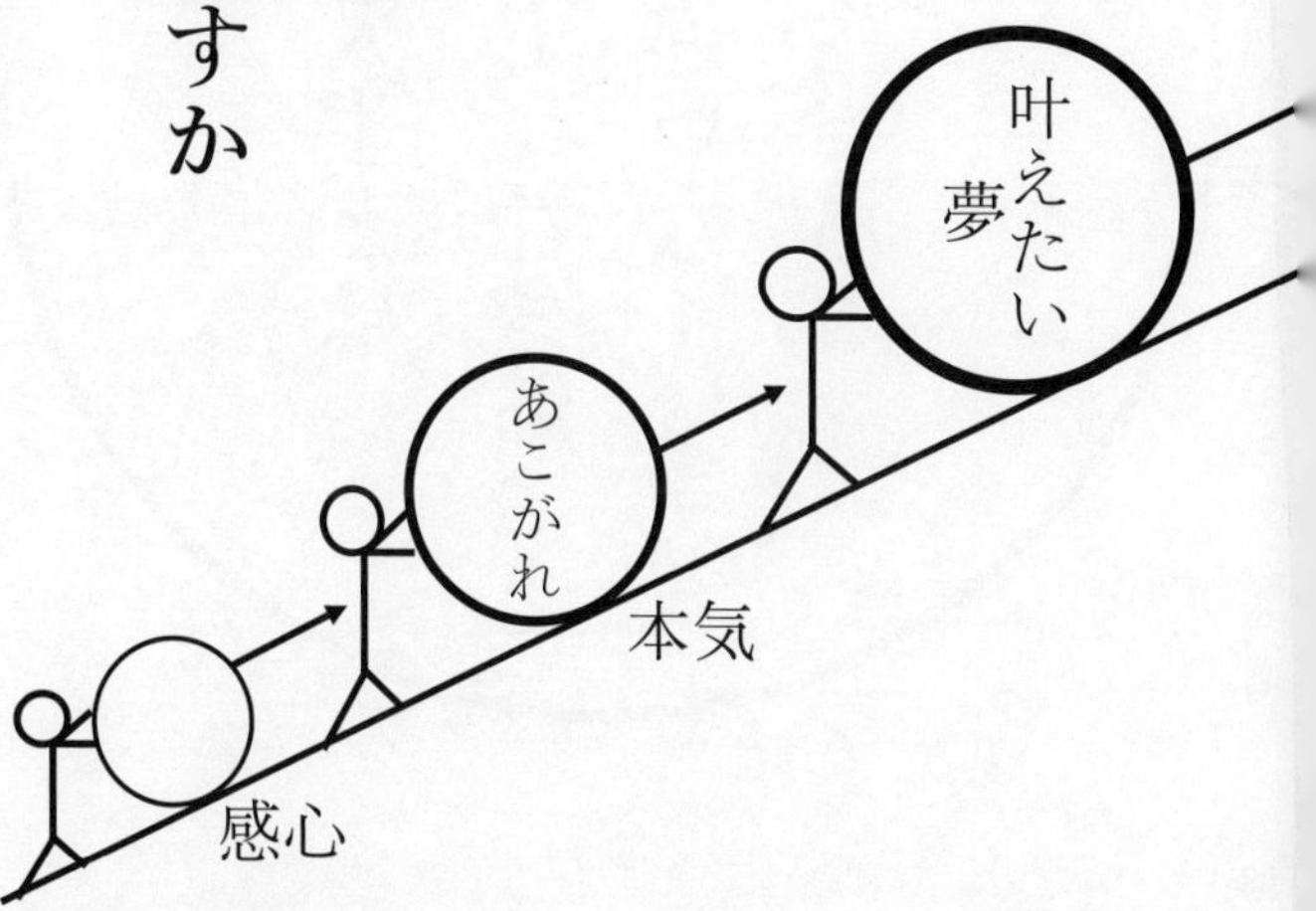

覚悟ある人生とは
自分を信じて生きること
それは間違いなく
幸せな人生である

第二章　心のしくみと幸せの種

今日、ご縁をいただきまして、薬師寺から参りました大谷徹奘と申します。どうぞよろしくお願い致します。

普段は日本中を巡って法話をして歩いています。多い年は1年間で400回くらい人の前に立つんですね（先週のはじめは青森県、後半は熊本県におりました）。

今回は初めてこちらでお話を聞いていただくのですが、私はお寺だけでなく、幼稚園や老人ホーム、企業、刑務所など、ありとあらゆる場所からお声掛けいただき法話をさせていただいています。どんな会場に行っても、ひとつだけ絶対に譲らないで守っていることがあるんです。それは、話の最初と最後に必ず演壇を降り、座っていただいている方にはご起立いただいて、同じ目の高さで挨拶をすることです。

人と人との出会いは、命と命の出会いです。命に優劣はありません。これから約60～70分間お話をさせていただくのですが、私はお金では買うことのできない自分の命を削ってお話をします。皆さん方はまったく意識をしていないと思いますが、私の話を聞けば、その分だけ命を削るのです。人と人との出会いは命がけ。私は人生の中で皆さん方に会わなくても良かったし、会えなくても良かった。そうですよね？　だけど今日は、短い時間かもしれないけれど、こうやって命を共有することができました。

この中でね、おひとりやおふたりはまた私の人生で会うことがあるでしょう。だけどこのメンバーで会えるのは、人生で今日が最初で最後。明日もやるから来てねって言っても、来られない人がいたり、新しい人が入ってきたりする。だから、今日の皆さん方との出会いに感謝したいのです。

皆さん、こんにちは!

先日、奈良から大阪に出て、飛行機で福岡まで行き、飛行機を乗り換えて天草という所へ行きました。私は飛行機では通路側にしか座りません。窓側をあまり好まないんですね。ただ、今回は隣の席が空いていたため、何気なく、自分の席から窓際の席に移りました。その時、地上を眺めていて、こんなことを思ったんです。ああ、これが爆弾を積んで人を殺しに行く飛行機でなくて良かった、法話に行かせていただく飛行機で良かったなぁ、と。

今日は新幹線を使ってここまで来させていただきました。わずか4時間で奈良から来られるんですよ。この新幹線で戦地に運ばれなくて良かった、本当に平和で良かったなと感謝しながらこの会場に来させていただきました。

時を77年戻せば、日本でも現在ウクライナで起こっているのと同じようなことが起きていたのです。おかげざまで今日、私たちはこうしてこんなに良い会場で、こうやって学びの場を与えられている。私たちに、今日のこの平和という最高の幸せを与えて下さったすべてのものに額ずくというところから始める。これが私の話の始め方です。

それでは大変申し訳ありませんが、みなさんご起立下さい。いらないものは椅子の上に置いていただいて、胸の前で手を合わせて下さい。

新型コロナウイルス感染症拡大で困難が続き、世界を見渡せば、紛争、貧困、災害、事故……たくさんの不幸がある中で、今日、こうして平和を与えられて集い、一緒に学びの場を与えられたことに感謝して、皆さん方とできるだけ大きな声で「こんにちは」の挨拶をしたいと思います。

それではみなさん、顔を上げて下さい。目を開けていただいて、できるだけ大きな声で挨拶をさせていただきましょう。皆さん、こんにちは！

はい、どうぞおかけ下さい。

心は変えることができる

それでは改めてご挨拶させて下さい。皆さん、こんにちは。どうぞ今日はよろしくお願い致します。

話のはじめに、薬師寺はお墓を持たず、お葬儀をしないお寺であるということをまず覚えておいて下さい。

では何のために薬師寺があるのかお話ししましょう。ここにいらっしゃる方々は、ひとりにひとつずつ心を持っている。その心の使い方によって私たちは自分の目の前の世界を変えることができるんです。

今日はものすごく良いお天気です。しかし、皆さんがこの会に集まるために、自分の家の玄関を開けて一歩外に出る。そうしたら、ジャバッジャバの雨が降っていたとしましょう。これから自分が出かけようと思っている時に、ものすごい雨に出遭ったら、皆さん方はどうなさいますか？

皆さん方は、空を見ながら、

「なんで出かける時にこんなに雨が降るんだ」

と空に向かって文句を言うんです。

だけど、空にいくら文句を言っても、天気は変わらない。天気は変わらないけれども、心は変えることはできます。

今、ウクライナではミサイルが飛んでくる。鉄砲玉が飛んでくる。当たったら死ぬんですよ。雨だったらぬぐえばいい。濡れたら着替えたらいいの。ああ、ミサイルでなくて良かった、雨で良かったと言える。雨には何の変わりもないですよね。問題は心がどう受け止めるか。その心を徹底的に訓練する学校として生まれたのが薬師寺というお寺。いうなれば、薬師寺は心の学校であるということをしっかりと、頭に入れておいて下さい。

あなたの心はどこに在りますか？

私のところには毎日のように日本各地から法話の依頼がきます。そして、こう言われます。

「大谷先生、心のことを教えて下さい」「心のことを学びたいんです」っていうのが一番多いんです。私はそれに応えて、いろんな会場を巡っている間に気がついたことがあります。みんな、心が大事だ、心が大切だと言っているわりには、自分の心の在りかもわからないで心を勉強しようという人が、あまりにも多いということでした。

さあ、それではまず最初に、一緒に確認をしてみましょう。みなさん、指を出して。指を出していただいたら、私がこれから、

「あなたの心はどこに在りますか？」

とお尋ねしますから、はっきりと自分の指で自分の心の在りかを指さして下さい。いきますよ。「心が大事だ」「心を磨け」「心の時代だ」と盛んに言われます。それではお尋ねしましょう。

「あなたの心はどこに在りますか？」

はいどうぞ、指さして！

ここはね、頭っていうの。

ここはね、心臓っていうの。

ここは腹っていうの。

おかしいと思わない？

自分の心なのに、どこに在るかもわからないで、心を学ぼうというのは。

こういうことですよ。旅行するから「駅まで来い」と言われたとしましょう。そこまでは目的地がわかってる。だけどその先がわからなかったら、上りに乗るのか下りに乗るのか。もしかしたら在来線に乗ってひとつ先の駅が目的地かもしれないのに、新幹線に乗ってとんでもない所に行ってしまうかもしれない。そういうことでしょ？

そして皆さん方、よく覚えておいて下さい。人生みたいなものはね、あっという間に過ぎていきますから。そうでしょ、気が付いたら今の年齢じゃありませんか？それではここで私があなたは何歳ですかって聞きますから、大きな声で自分の年を叫んでね。いい？ 大丈夫、隣の人くらいにしか聞こえないから。いきますよ、あなたは今、何歳ですか？

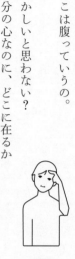

今、自分が言った年齢に自分がなると思っていましたか？　たぶん思ってなかったでしょ。私だってもうすぐ還暦です。お寺に入って43年。自分に60歳なんて年が来ると思っていなかった。だけど、私は60歳になるのです。

中身としてはまあ20歳くらい。思いとしては45歳くらい。皆さん方も今の年齢よりも20歳くらい若い年のつもりで生きておられると思うんです。しかし、事実は事実。今の年が皆さん方の年齢です。もう、あっという間に終わりますよ。そうでしょ。あと30年後に生きてる人、どれだけこの会場にいますか。

そのたった1回の、誰も代わってくれない人生を自分の心ひとつで、幸せだったと言って死ねるし、逆に何だったんだこの人生はと言って死ぬこともになるんです。

今日は皆さん方とご一緒に、心のしくみを勉強させていただきます。

皆さん方のお手元に、テキストをお渡ししていますのでお取り上げ下さい。

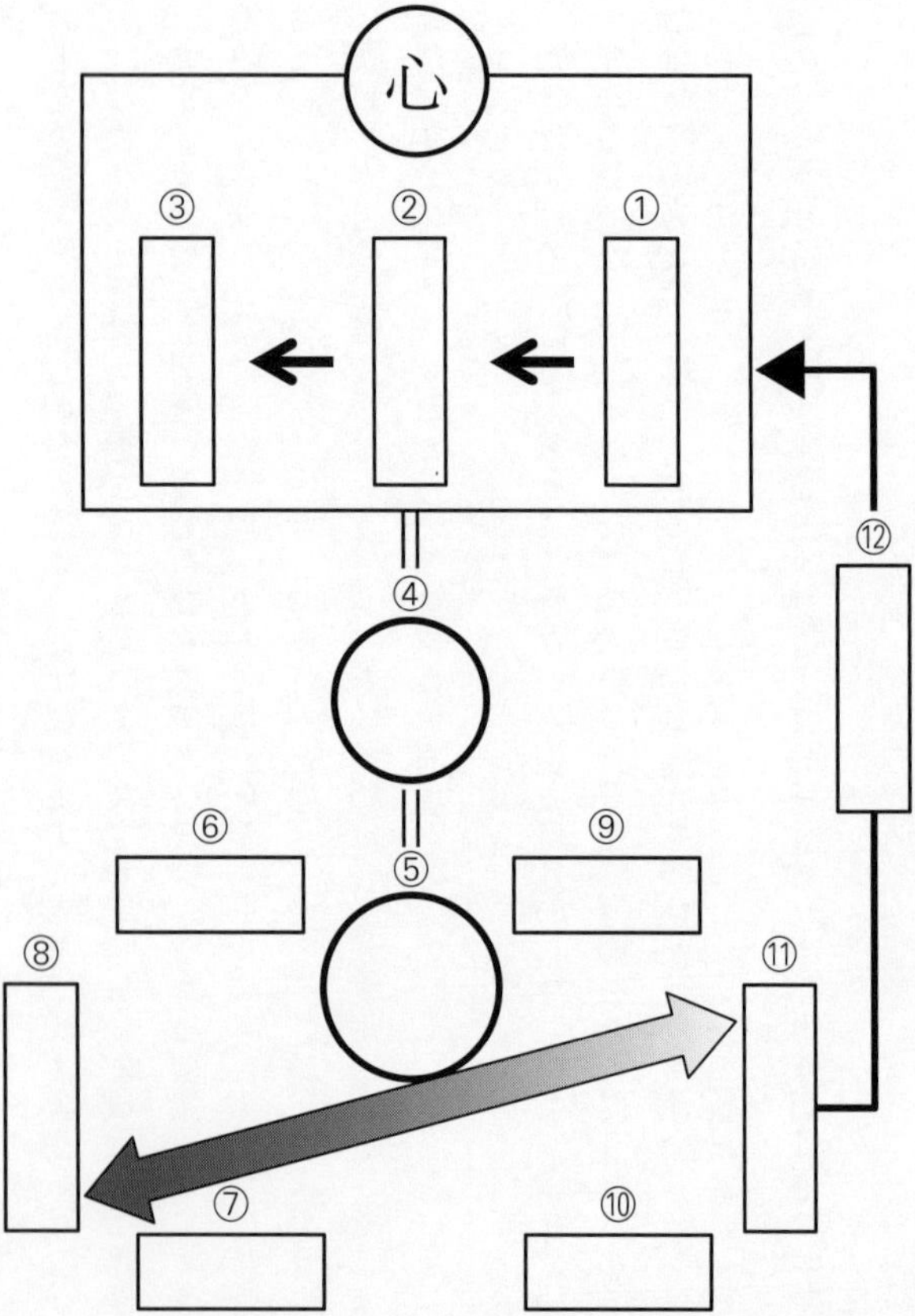
心
③
②
①
④
⑤
⑥
⑨
⑧
⑪
⑫
⑦
⑩

上のところに○があってその中に「心」って書いてあり、下の四角い枠の中に①、②、③とありますね。これが心を造る要素になります。先程、私は皆さん方に、あなたの心はどこに在りますか、指さしてと言いました。後でもう一度ちゃんと指さしてもらいます。その前に心が何からできているかというところから勉強します。自分で埋めていって下さい。

今、私たちは、あまりにも物事が安易になりすぎて、文字に書かない、声に出そうとしない、覚えようとしない。だから民族が劣化してるの。ですから皆さん方には、テキストに自分で書いてもらって、自分で声に出してもらい、持ち帰って復習をしてもらいたいのです。

嫌いな人が目の前に現れたら

せっかくこうして命を削って勉強するのですから、しっかり勉強して下さい。居眠りなんかできませんよ。

はい、いきますよ。

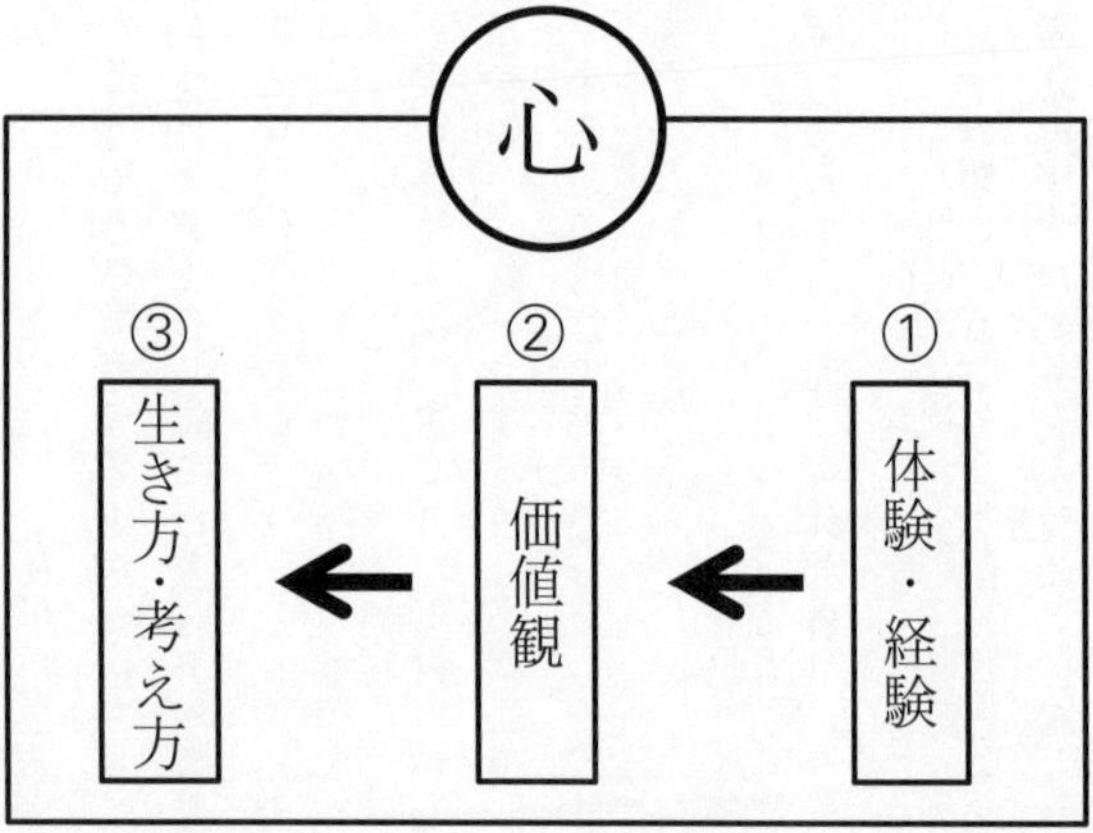

①には何という言葉を入れるかというと「体験・経験」と入れます。

②には「価値観」と入れます。

③には「生き方、考え方」と入れます。

本当はこういう風にぶつぶつと切ることはできないのですが、話の流れ上、このように切ってお話をします。

例えば、皆さん方が新しい職場に移ったとします。その時、右も左もわからなくて、ものすごく困っている。するとその会社に、とても厳しい先輩がいて、第一声、

「なんだお前は学校も出て給料ももらっているのに、こんな仕事もできねえのか、バカ野郎が」

と言われたとします。

そういう体験をすると、

「うわぁ、この人は嫌な人だ、怖い人だ」

という価値観を持つ。そして次の瞬間、

「ダメだ、ここではやっていけない」「この人にはついていけない」

という生き方、考え方、すなわち心が育つのではないでしょうか。

今の話とはまったく逆で、自分がものすごく困っている時に、とてもいい先輩がいて、「おい、お互い足らないところばっかりなんだよ。だけどな、縁があってこうやって一緒に働くんだから、助け合って頑張っていこうな」と優しい言葉をかけてもらったとしましょう。

そういう体験、経験をすると、その瞬間、皆さん方は「うわぁ、この人はいい人だ」と思い、「ここでなら働ける」「この人だったらついていけそうだ」という生き方、考え方、すなわち心が育つのではないでしょうか。

験《しるし》

老人ホームのおばあさんの話

①②③の文字の中で何が一番大事かといったら、この「験」というのが一番大事なんです。

紙の右端に少し余白があります。そこにこの「験」という字を大きく書いて下さい。そしてそこにルビを振ります。何と読む字か。この字は1字で「しるし」と読みます。

私たち人間は、生まれた時、心は真っ白なんです。そこに体験、経験という「しるし」をつけていくのだと理解して下さい。

スーパーマーケットに行って、あんぱんとかチョコレートを買うと、パッケージにバーコードといって、白と黒の棒がついていますよね。その白と黒の棒で品物を表すように、私たちも心につけた験（しるし）で自分の心を造り上げています。

今日は遺伝子の話はしません。遺伝子の話はまた改めてしましょう。今日は私たちが生まれてから死ぬまでの心の造られ方にしぼってお話しします。

私が最初に法話を始めたのは27歳の時。手帳を見ると、その時は1年に6回しか法話をしていません。

法話に呼んでもらった時に、今と違って時間がありますから、すぐに移動しなくてもよいため、法話を終えた後でこういう風に言っていました。

「この中でお父さんお母さん、おじいちゃんおばあちゃんを老人ホームに預けている人はいませんか。お金はいりませんから、施設にいるおじいちゃんおばあちゃんに法話をさせてもらえませんか」と。

そのようにお話しして、日本中で全く知らない老人ホームに飛び込んで入っては法話をしていました。

なぜかというと、修行の間に大好きだった祖父と祖母が亡くなってしまったからです。何のお返しもできなかった。

だから老人ホームにいるおじいちゃんおばあちゃんを自分のおじいちゃんおばあちゃんだと思って、お返しをしようと思って法話に巡っていたのです。

ある老人ホームでこんな話を聞きました。

ひとりのおばあさんが夜、トイレに行く。ご存知のようにご婦人のおトイレはひとつひとつ個室になっている。その個室についているトイレットペーパーを、おばあさんは片っ端から全部、がしゃがしゃと引き出してしまうんです。

それをされたら困るから、看護師の方が、「何をしてるんですか」と言って押さえつけると、おばあさんはうわーっとなって、発狂したように暴れたそうです。

それが幾晩も幾晩も続いたそうです。それで、最近このホームで何か変わったことはありませんかと聞かれて、そのおばあさんの話になったそうです。ある時そのホームに、有名な精神科医の先生がやって来た。

精神科医の先生は「できるだけ詳しく、そのおばあさんの過去を調べてみて下さい」と言われたそうです。

そこで看護師の方がおばあさんの過去をずーっと調べていったら、そのおばあさん、戦後、東北の貧しい漁村でわかめ採り、海藻採りを生業《なりわい》としていた人だったということがわかりました。

戦後の東北は今私たちがテレビで見る東北とはまったく違います。

そのおばあさん、ご主人は戦争に召集されて戦死。自分が懸命になって働かなかったら、自分だけでなく、家族も死んでしまうという「しるし」がついているんです。

おばあさんは、夜になってトイレに行ってトイレットペーパーを見ると、そのトイレットペーパーがわかめに見えてしまうらしい。そうすると、一生懸命働かなければならないという「しるし」がついているから、懸命になってトイレットペーパーを引き出す。その時に「何をしているんだ」と言われたらわーっとなるけど、「○○さん、今日はものすごく頑張ったから、部屋に行ってゆっくり休もうよ」と言われると、そのおばあさんはおとなしく部屋に帰るというのです。

先程、皆さん方に、自分の指で自分の心の在りかを指さしてくださいと言ったら、皆さん方は頭だとか胸だとか腹だとか、自分の一部分を指さしましたが、もしあなた

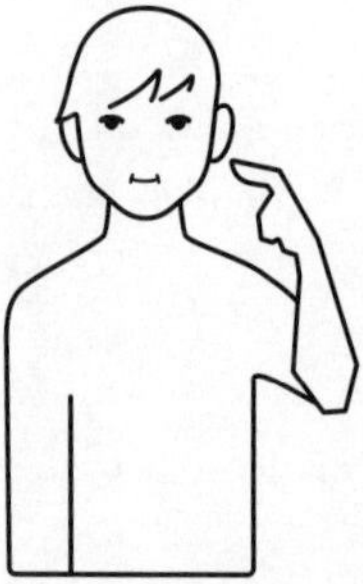

心＝自分

の心はどこに在りますか、指さしてと言われたら、それはこうして、自分自身を指さすしかないんです。
だから、④には、「自分」という言葉を入れてください。

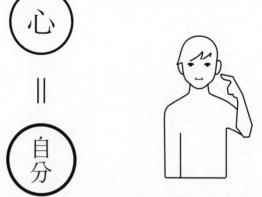

この「自分」という言葉を皆さん方は何気なく使っていますが、これもすごく重要な言葉。もともとは、「自分別」という言葉の上二文字で「自分」になったといわれています。「分別」というのは分けるということ。

人間の分別は好きとか嫌い、良いとか悪いということです。その好き嫌いは何から生まれるかっていうと、自分の経験から、私たちは好き嫌いという心を持つようになるのです。

コロナ禍になってから、家から出なくなったので、大変なペットブームになっているそうです。この前まで15万円くらいだった猫ちゃんワンちゃんが、今は50万円くらいするそうです。

ではここで聞いてみましょう。勉強だから教えてください。この中で、猫が好きな人は手を挙げて。じゃあ逆に猫嫌いな人、手を挙げて！

猫という動物を見ただけで、この会場の中で意見が分かれるんです。好きな人、嫌いな人、手が挙がらない人。猫好きな人って言われ手を挙げた人がいると、猫が嫌いな人はその人の方を見ながら、

「なんで猫みたいなのが好きなんだ」って思う。

逆に猫が嫌いな人は手を挙げてと言われて挙げた人を見て、猫が好きな人は、

「なんであんなかわいいものが嫌いなんだ」って思う。

ちなみに、私は猫が好きかと聞かれたらはっきりお答えを申し上げます。大嫌いで

す。理由があります。修行を何年か重ねて、久しぶりに家に帰りました。そうしたら、妹が猫を飼っていた。妹の飼っている家の中の猫だから大丈夫だろうと思って手を出したら、私はその猫にがりっと引っ掻かれた。それ以来、私の心の中には、猫＝引っ掻くもの＝嫌なものという「しるし」がついていますから、私は猫が嫌いなんです。

猫が好きな人には好きな理由が、嫌いな人には嫌いな理由があり、手が挙がらない人には何も猫と関わる経験がなかったというだけのことなんです。

「自分」という言葉を漢字一字で書くとどういう字になるかというと、「我」という字になります。⑤には「我」という字を入れて下さい。「我」という字を入れたら、その右横に「われ」とルビを振ってほしいんです。

心＝自分＝我《われ》

いいですか。このルビが大切なんです。

この「われ」という言葉を普段の私たちの話し言葉にすると、「わ・た・し・は」です。これは単数の言葉。「わたしたち」という複数の言葉ではないんです。

その理由は、同じ親から生まれようが、同じ学校で勉強しようが、同じ経験、同じ心を持っている人は世の中にひとりも存在しないからです。

今日でも法話を聞いて勉強しようという部分はみんな一緒。しかし、その他の部分はみんなばらばらです。同じ経験をした人間が世の中にひとりもいないから、「われ」と単数で読むんです。

では聞いてみましょう。はい、これは「われ」以外に何と読みますか。

はい、どうぞ。

「が」

はい、そうですね。それでは「我」の左横に「が」とルビを入れておきましょう。

この文字を「が」と読んだ場合、頭の中に浮んでくる言葉があります。

それは「我が強えぇ」って言葉。

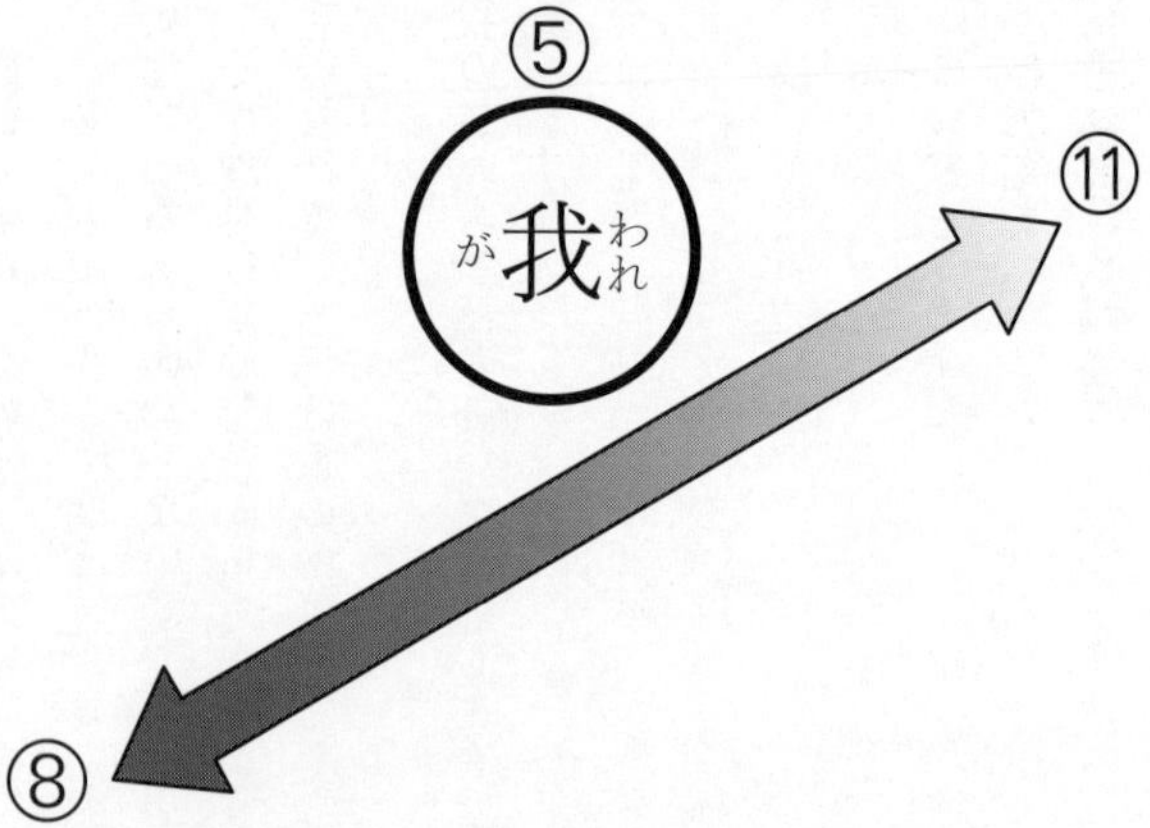

次に、⑤の我の下に斜めの矢印があり、⑧の方に矢印が下がっています。

そして⑧に近づくほどにだんだんと矢印の色が濃くなっていくでしょう。

これはね、我が強く出ていることを表しているんです。

それに対して、⑪の方へ上がっていて⑪に接している矢印の先は白くなってないですね。薄いけど、色がついています。

いいですか、よく、「我をなくせ」とか言うけど、はっきり言っておきます、我はなくなりません。

なぜか。それは、「我」は自分の経験だからです。

皆さん方の人生から経験をとったら、何が残るの？　息してきただけ。問題は、「我」の出し方なんです。「我」を強く出してしまうと、人生で一番もらいたくない⑧に入るものをもらうことになるんです。それに対して、「我」を適切に出していけば⑪に入る、私たちが一番ほしいものを手に入れることができるんです。

我の強い人の特徴

さあこれから、一番前の列の人に質問をします。

皆さん方の周りに、我の強い人はいますよね。我の強い人はどんな特徴を持っているでしょうか。はい、どうぞ。

「わがまま」

「悪口を言う」

「がんこ」

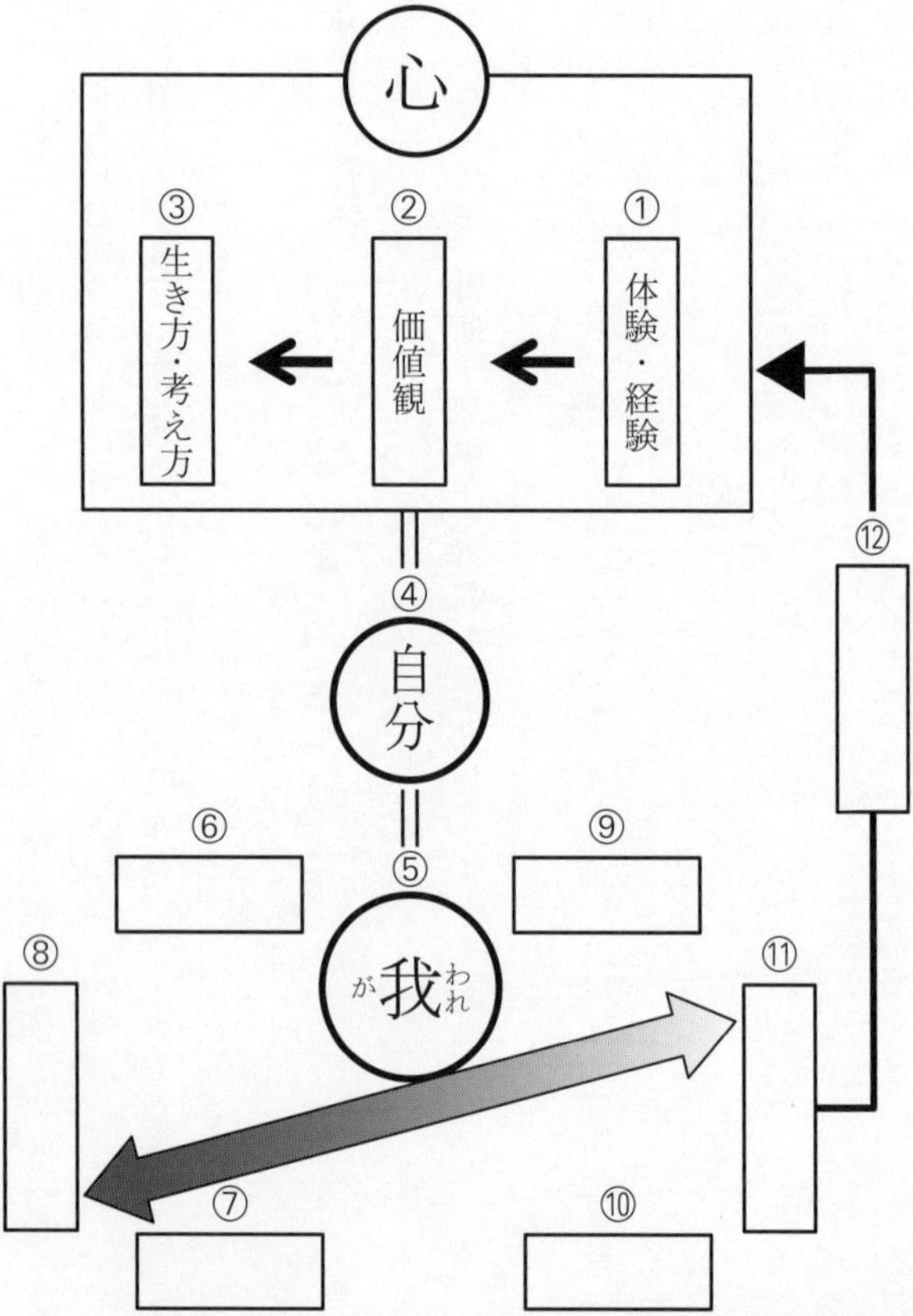
心
③
生き方・考え方
②
価値観
①
体験・経験
④
自分
⑤
我《が》
⑥
⑦
⑧
人の話を聞かない
⑨
⑩
⑪
⑫

私が求めている答えは出ませんでしたけれど、みんな正解です。

私は我の強い人々を観察して、共通点があることに気付きました。よく聞いて。それは、「人の話を聞かない」でした。

はい、⑧の外側に、「人の話を聞かない」と書いて下さい。

皆さん方の周りにものすごく我が強い人がいる。で、いつも自分の意見しか言わない。その意見が通らなかったら、バタバタと暴れる人がいたとしましょう。

皆さん方は、そんな人と付き合いたいですか。付き合いたくないよね。でも、生活やお金がかかっていると、皆さん方は嘘をついて笑いながら付き合う。だけど、心の中でこう言います。

「できるだけ関わるのをやめておこう」と。

家族と呼ばれる、血のつながった小さなグループがあります。その家族と呼ばれるグループの中にも、我の強い人はいます。そういう人は、家族から何と言われるか。こう言われるんです。

「面倒くさいから放っておこうよ」

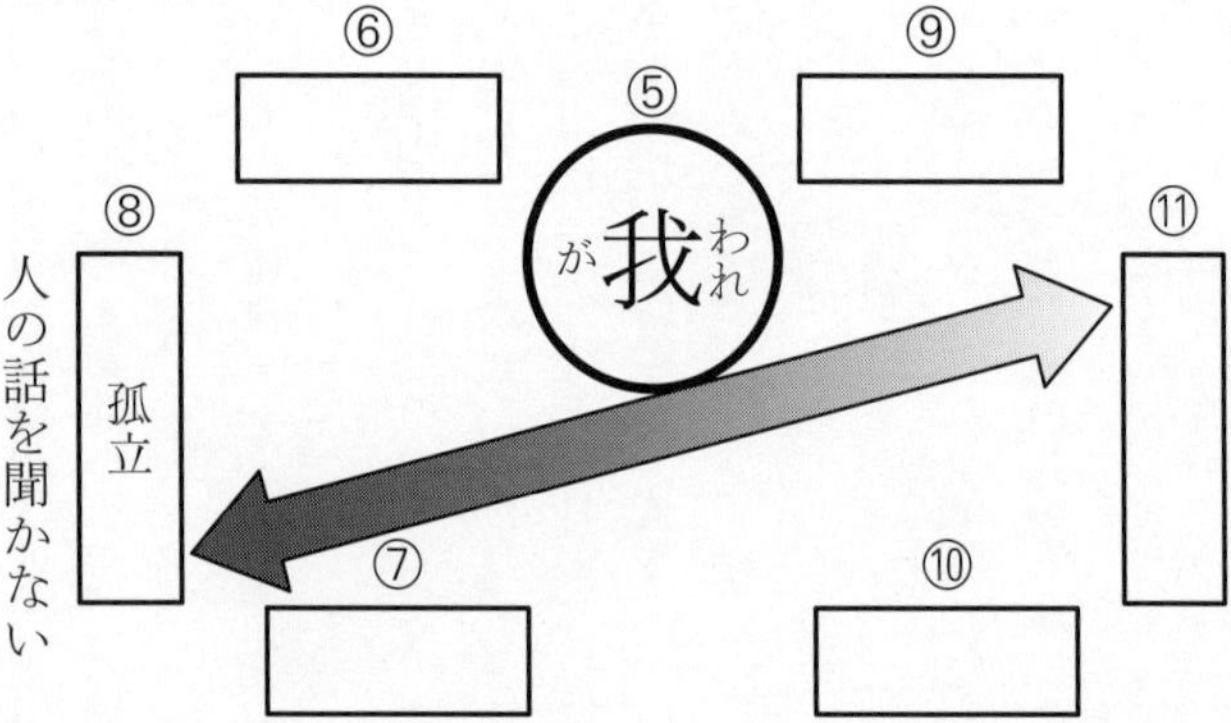

「我」を強く出していくとどうなるか。放っておこうと言われ、ひとりぼっちになって、「孤立」してしまうのです。

⑧に「孤立」と書き入れて下さい。

間違わないでね、「孤独」と「孤立」は別ですからね。

ここにいる私たちはみんな孤独です。ひとりで生まれて、ひとりでものを判断して、ひとりで死んでいくんです。私たちはみんな孤独です。だけど、孤立しちゃいけないんだ。

「孤立」を「ひとりぼっち」と訳すと、その反対側は何か。

それは「仲良し」です。仲間がいるとい

仲良し＝和《わ》《なごむ》

うこと。

その仲間がいるということを日本人は何と言ったかというと、「和」と言った。禾偏（のぎへん）に口と書きます。

この字は、もともとは、お米の収穫を祝って、とれたお米をみんなで食べているという字なんです。

だから、例えば、普通の仕事をしていても、何か事業が終わった後でみんなでご飯を食べに行く。そうするとわーっと盛り上がる。そこで「ああなごんでるね」という時の「なごむ」という字は「和」を使う。

最近は、オーケストラの、ひとつひとつの楽器に光を当てるようになりましたね。

でも、個人個人が、「俺は上手だから」「私は上手だから」って勝手に音を鳴らしたらどうなるの？　決して、ハーモニーは生まれません。

今、日本人は、みんなが自己主張をするようになってきたので、ハーモニーのない民族になってしまいましたよね。

ハーモニーを漢字で書くと「調和」になります。


それでは聞いてみましょう。

学生時代、この「調」を「ちょう」「しらべる」と読むと教わったと思いますが、「ちょう」と「しらべる」以外に何と読みますか？


「ととのえる」

調

ちょう
しらべる
ととのえる

そうです、正解。この字は、「ととのえる」と読みます。

仲良し（和）は落ちていない、調えなければ得られないのです。

例えば私が皆さん方と友達で、今日のお昼ごはんを食べる約束をしていたとしましょう。皆さん方の昨日の晩ごはんはカレーライスだったということにします。

そこへ私が現れて、第一声、こう言います、

「今日、昼ご飯、カレー行こう」「今日の昼ご飯は絶対カレー、カレー以外考えられないよ」って言って、私が「カレー　カレー　カレー」と言ったら、皆さん方はどう言うか。

昨日の晩も食べててごらんよ。「そんなにカレーが食べたいならお前ひとりで行けよ」ってなる。そうしたら私はひとりぼっちで食べなければいけなくなる。だけど私がこう言ったらどうか。

「あのさ、今日の昼ごはん、何でもチョイスできるんだけど、もうしばらくカレー食べてなかったから、ものすごくカレー食べたいんだよ。だから今日だけでいいから、悪いけどカレー付き合ってくれない？」

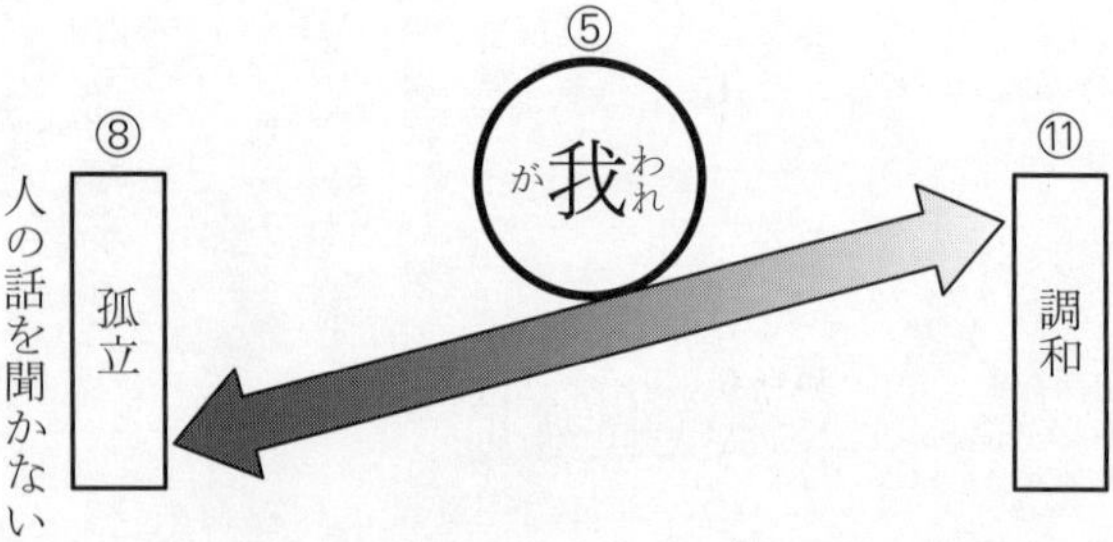

って言ったら、どうですか。なんとなく行ってもいいと思いませんか？

そしてカレーを食べている時に皆さん方は言うんです、「昨日、カレーだったんだ」。

だけど、「昨日のカレーもうまかったけど、今日のカレーもおいしいね」って笑いながら食べることができる。このふたつの話、いらないところを全部外していったら、残るのは「カレーが食べたい」っていうことだけです。

自分の主張だけをくり返したら、私はひとりぼっちで食べなきゃいけない。

しかし、ちゃんと相手と調えながら相談すれば、一緒に笑いながらごはんを食べることができる。

この「調和」が、⑪に入ります。

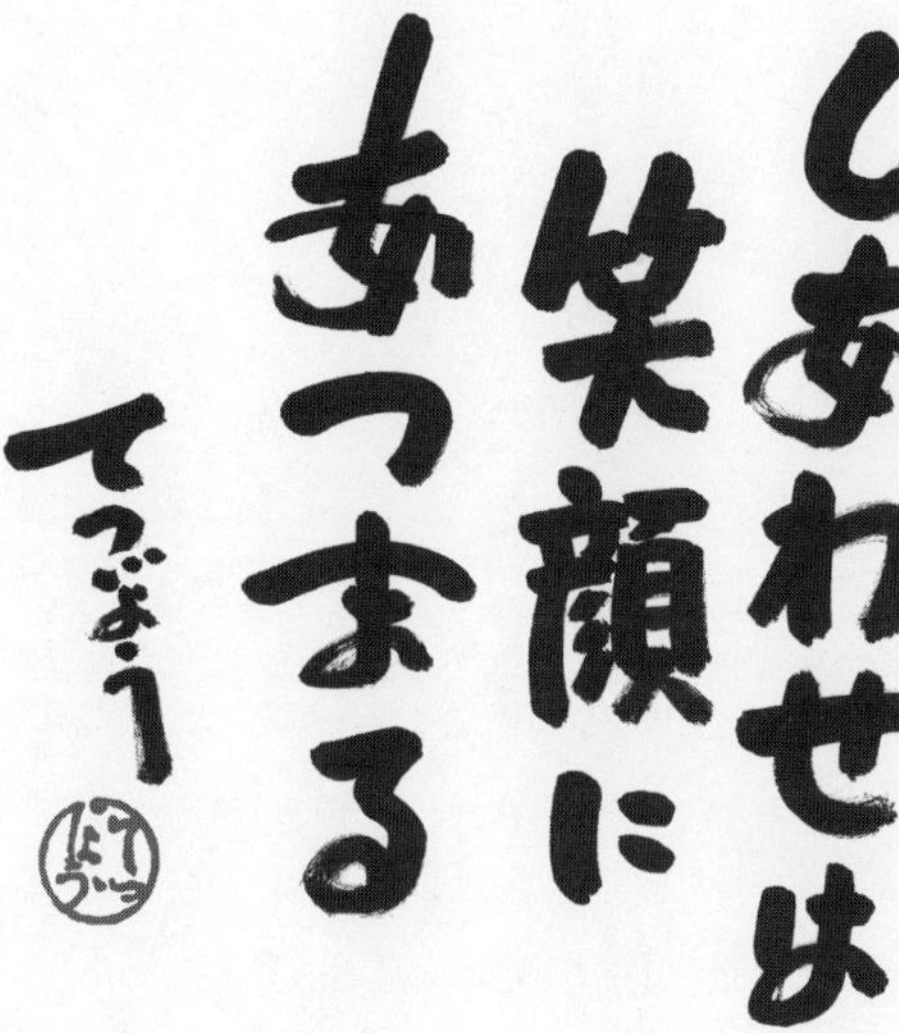
しあわせは
笑顔に
あつまる

はい、それでは皆さん、指を出して。指を出したら、私が指さすように指さしながら、声に出して追いかけてきてください。

人間の持っている5つのアンテナを一緒に確認します。

最初は目。

「目」

ダメだ、気合入ってない！　あのね、勉強は気合入れなきゃダメなの。ぼーっとしてたらぼーっとした自分になっちゃうの。

はい、気合入れていくよ。

「目」

「耳」

「鼻」

「口」

「皮膚」


「目」

「耳」

「鼻」

「口」

「皮膚」


これが人間が持っている仏教の言葉で「五官」と呼ぶアンテナ。このアンテナを使って皆さん方はいつだって外側のことをじーっと見ている。

だから外国での出来事でも、隣で起こっているように知っている。

またこう言っちゃ失礼かもしれないけど、皆さん方は今の5つのアンテナを使っていつでも人のことを、しつこいくらいにじーっと観察しています。だから皆さん方に人の批判をさせてごらん。めちゃくちゃ上手だから。

ここで覚えておかなければいけないのは、「目」「耳」「鼻」「口」「皮膚」というアンテナは全部、外向きのアンテナということです。

人間には1本も、自分の方を指さすアンテナがついていないんです。

だから何ていうことわざが生まれたかっていったら、

「人の振り見て我が振り直せ」ですよ。


私は自分の顔を一度も生で見たことがありません。鏡か写真という物を借りないと自分の顔が見えないのです。自分のうしろ姿も同じ、自分の背中なのに一生見ることができないのです。

自分のことは見えない。見えないことをいいことに、私たちは、自分には「我《が》」はないと思っているんです。あっても、ちょびっとだと思ってるんです。

言っておきます、それは勝手に思っているだけ。特に、歳を重ねれば重ねるほど、私たちは「我」が強くなっていきます。

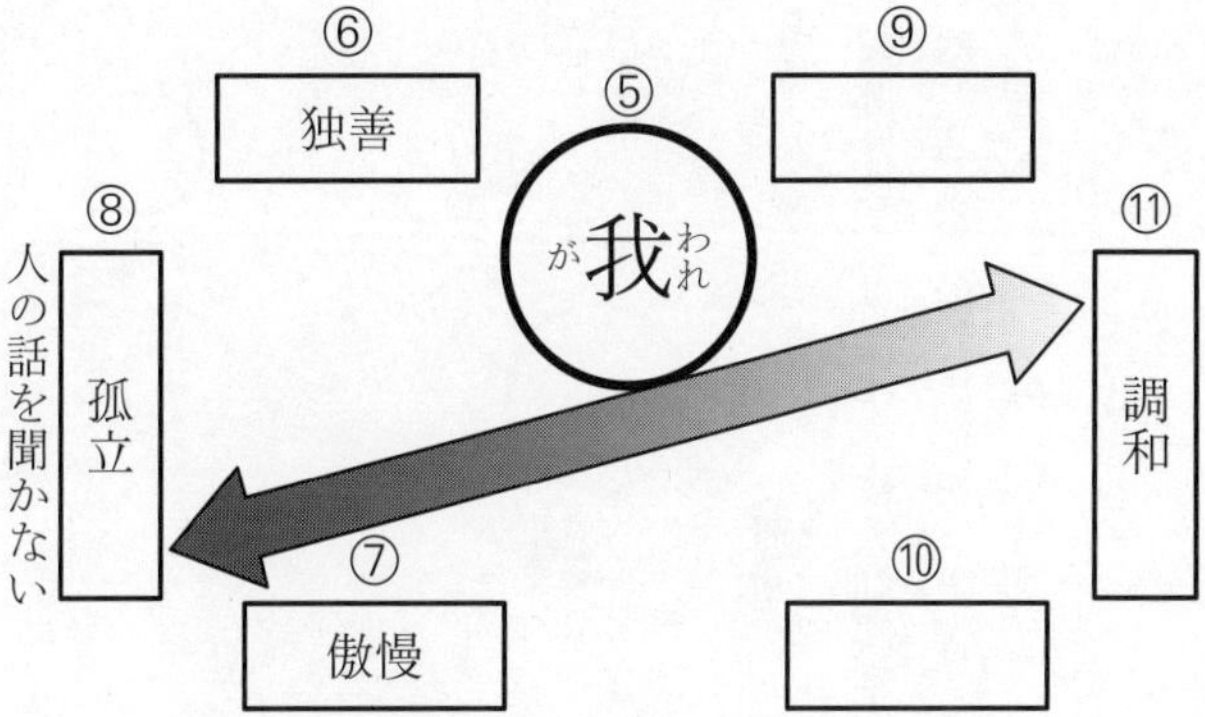

なぜ「我」が強くなるか。それは、今まで自分が生き抜いてきたというプライドなんですよ。自分が正しいと思ってるんです。生き抜いてきたんだから。

だから人の話を聞かなくなってしまう。

そうすると、だんだん、だんだんと、私たちは自分だけが正しいといって、⑥「独善」的になるんです。

そして、いつの間にか⑦「傲慢」になってしまうのですよ。

いいですか、この矢印、斜めになっていますね？

斜めのところにボールが乗っかっていると考えましょう。

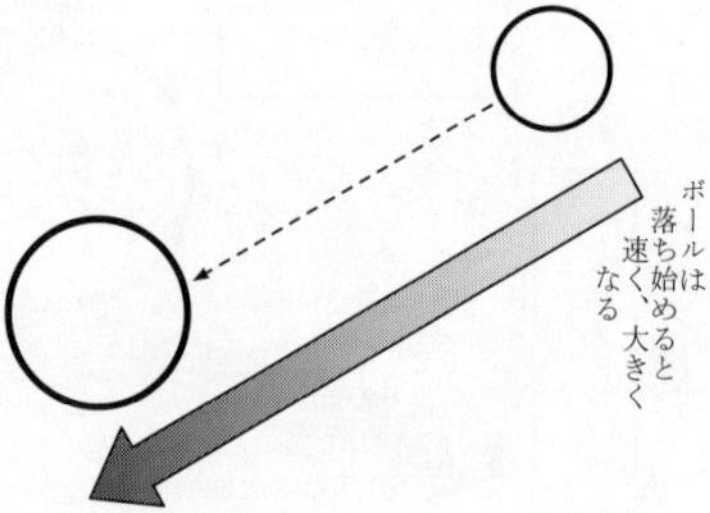

それでは、聞いてみましょう。このボール、動き出したらどっちに行くの？　こっち（⑧）に転がり落ちていきますね。そして、落ちれば落ちるほどに、どんどん速くなっていくんじゃないの？

ここが問題なんです。私たちは自分に「我」があることを意識しないと、いつの間にか坂道の途中のボールが転がるように、どんどん、どんどん、どんどん、我が強く、大きくなる。

そして、人生の最後。死んだときに、「やっと死んだか」と言われる。

私のお師匠さんは、本当に人間観察の深い人でした。棺桶の蓋が閉まった時に、その人に対する本当の評価が出ると言っていました。

死んだ時に、家族から、「病気でもいい、寝たきりでもいいから、1日でも長く生きていてほしかった」と言ってもらう死に方と、「ははは、やっと死んだか」と言われる死に方。

実はそれこそがその人の生き様であり、「我」の出し方なのです。

その時にね、私たちは、いいですか、無意識のうちに、経験、体験を重ねて自分で成功なんかしていくと、我が強く、独善的で、傲慢になって孤立していくんです。

そうすると、①、②、③、④、⑤、⑥、⑦、⑧で行き止まりにぶち当たっておしまい。成長が止まるのです。

⑥「独善」のひとりだけ良ければいいという考え方に対して、⑨には何という言葉が入るかというと、共に栄えると書いて⑨「共栄」という言葉が入ります。

これは仏教においてもすごく重要な考え方なんです。例えば今日でも、会の主催者の方々は、みんなで勉強して、みんなで良くなりましょうという考え方で運営されています。ある意味ではこの会は共栄会なんです。だけど、どこかで誰かが、自分だけ良ければいいって我を張れば、こういう会は成立しなくなるんですよ。

そして、⑦「傲慢」の反対は何かといえば、⑩「謙虚」です。

「謙虚」というのはどういうことかというと、黙っていたら良いというわけではなく、必要なことを必要なように伝えなさいということです。

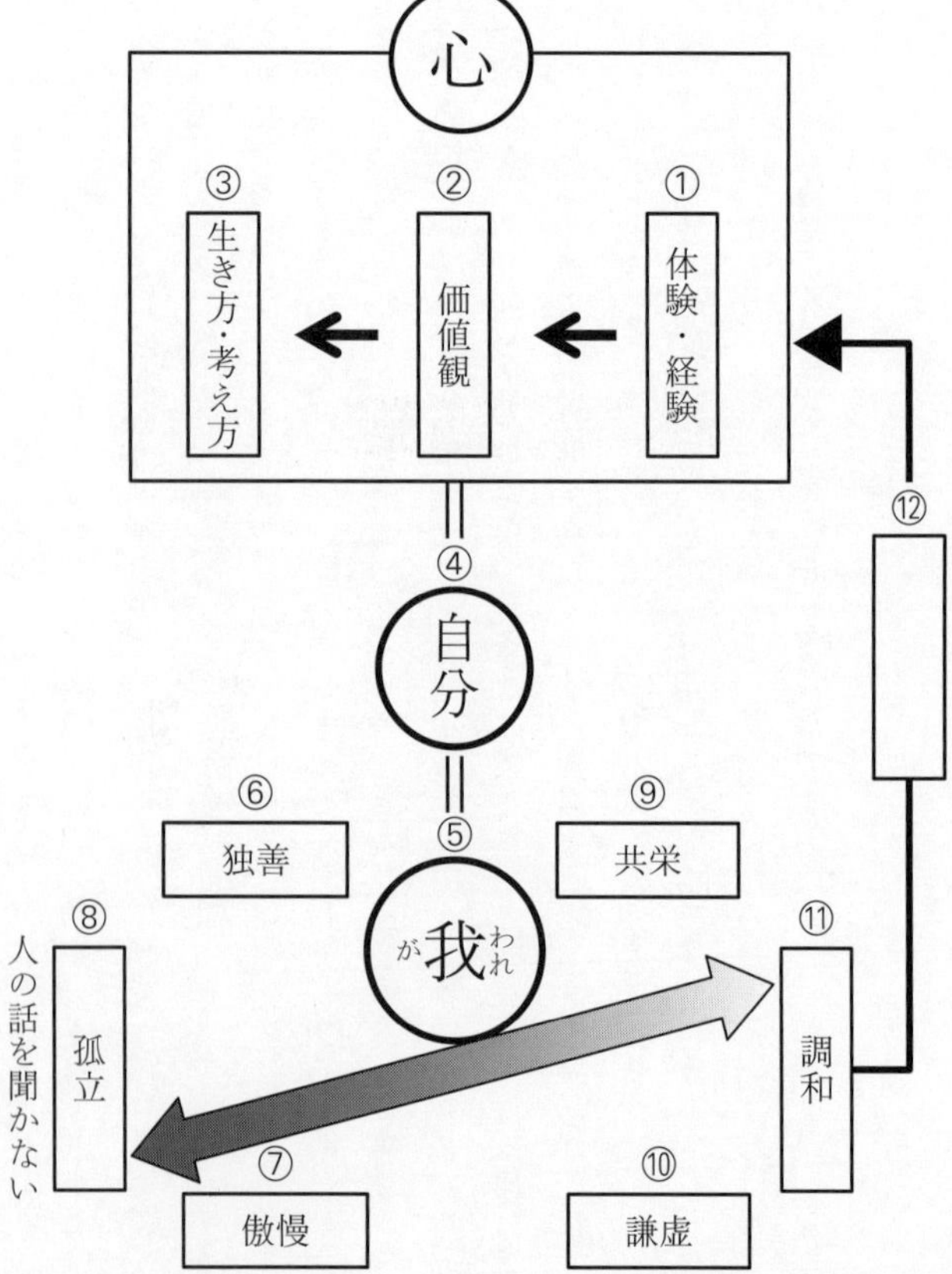

心
③
生き方・考え方
②
価値観
①
体験・経験
⑫
④
自分
⑥
独善
⑨
共栄
⑤
我《が》
我《われ》
⑧
孤立
人の話を聞かない
⑪
調和
⑦
傲慢
⑩
謙虚

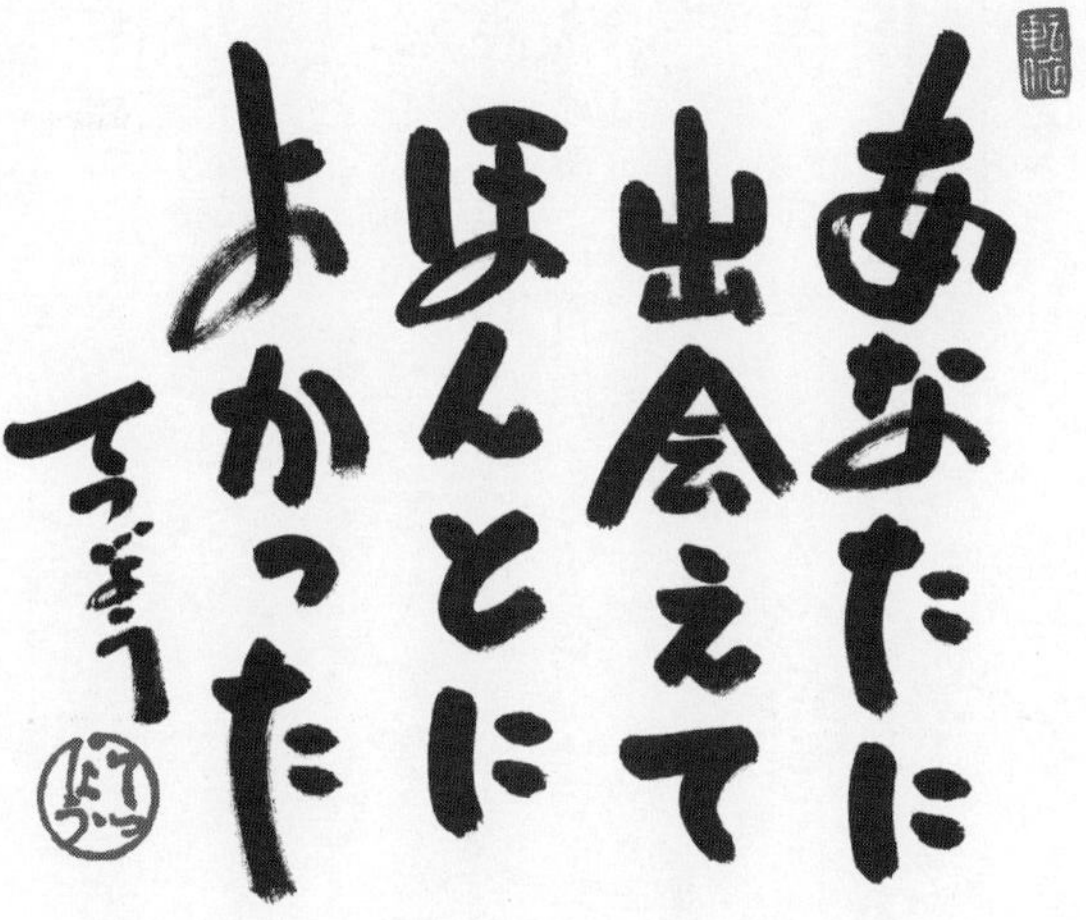
あなたに
出会えて
ほんとに
よかった
てつぼう

今、世の中は大変困難な時代になっています。なぜかというと、パワハラという言葉が、ものすごく多くなっちゃった。

それからうつ病、適応障害。企業によっては3%くらいが適応障害で会社を休んでいるといわれています。

それはなぜかっていったらね、自己主張を教えられたからです。特に今、30代前後の若い方たちはね、自分のことを主張しなきゃいけないと教わってきました。内容が薄いのに、「私は学校でこんなことをやってきました」「私はこんな風に思います」と主張をくり返す。主張はするものの内容が伴っていない。そしてどうするかっていると、だんだんと居場所と出番がなくなるわけですよ。そしてどうするかっていったら、会社辞めるか適応障害やうつ病になってしまうのです。

この言葉を使うと最近、すごく怒られますが、私はあえて使っています。このままいったら、この国はダメになってしまうという気持ちがありますので。

この前、日本を代表するお寿司屋さんに、若い子が修業に入ってきた。するとと親方が、若い子が来てくれて嬉しくなって、ちょっと強い言葉で指導をした。

すると次の日、労働基準局の人が来て、「パワハラをしてるのでは」と言われたそうです。

どうやって教えたらいいんですかって、その親方が寂しそうに私に訴えられたんです。

全国を巡ってものすごく感じていることがあるんです。

今日本は、極端に二分化が進んでいるということです。

そう言っている間に、上下が引っ張られて真ん中でぶちんと切れると、上と下がもうくっつけない状態になってしまう。切れた下側が多くなっていったらどうなるかといったら、民度が下がるから、この国がダメになっていく。

我慢しないで何ができるんですか。うまくいかなくて、いじけて、投げ出しても誰かが助けてくれる。確かに助けてはくれますが、自分で生きられなくなってしまうんです。日本は本当におかしい。

正しいことを言って批判を受けたとしても、私は本望だと思っています。

私の父親は昭和20年3月10日の東京大空襲の時、埼玉県に疎開していて、自分ひとり生き残った孤児です。孤児と呼ばれた時代の苦しさを一言もしゃべらず死んでいきました。

人間は本当に苦しいこと、辛いことはしゃべらない。それはどんなに苦しくても辛くても、頑張って生きるしかないからです。みんな、頑張っているんですよ。

それを、自分だけ正しく、批判する側が悪い悪いっていうんだったら、自分がその道を選んだという責任を考えなきゃ。私はそういう風にはっきり思ってます。

私のところには、うつ病も自殺志願者もたくさん来ます。だけど、そういう人を見てきて、刑務所の篤志面接官も務めてきて、私はこのように信じる自分になりました。理屈で言っているのではなく、現場を見て言ってるから、何を言われても平気です。自己主張が度を超えたら独善的に傲慢になって、ひとりぼっちになってしまうのです。

「幸せ」っていったいなに？

いろんな質問を受けるのですが、一番多いのは「お坊さん、幸せって何？」という質問。

幸せは千差万別、人の数だけ種類があります。だけど私が「幸せは何？」って聞かれたら、はっきり答えます。

それは、「身近な人と、仲良く笑いながらごはんを食べること」だって。

いいですか。100円のあんぱんを好きな人と半分ずつ食べる。うまいよ、これは！　自分の好きな人と、ひとつのことを共有できるんだから。

だけどね、自分の大嫌いな人とね、高級料亭に行ってごらん。辛いよ～。

私も行ったことがありますが、高級料亭は、まず、出てくるまでが遅い。

その間、ず～っと…ガマン…で、やっと出てきたかなと思うと、ちょびっとしか出てこない。すぐ食べ終わっちゃう。またじーっとガマンしてる。

高級料亭っていうくらいだから、高級な食材が出てるんでしょう。だけど、私は言うんですよ、次の日、下痢するって。

それは、食べ物の問題じゃない、そこにある人間の組み合わせの問題ですよ。

今の日本は、家庭の中でも、同居してるだけの場合が多い。子供たちはみんな自分の部屋に入ってゲームやコンピューターをやって、会話がないんだから。

私は思っているんです。人は、人でしか磨かれないって。人の中でもまれて一人前になっていくんだと。

機械は、都合が悪けりゃスイッチを切ればいい。ゲームの中で殺されても生き返れるのです。これは大きな問題を将来抱えていると思います。

正直、この表はもう15年くらい前に完成させていました。

⑫に入る仏教語も私は持っていましたが、さっきからほとんど仏教語を使っていないでしょ。私は仏教語を使わない法話を目指しているんです。

正確に言うと、10歳の子供が理解できるようでなかったら、本当の法話ではないと思って、私は勤めさせていただいているんです。

その⑫に入る言葉は、ものすごくいい仏教語なんですが、残念ながらこれだけは皆さん方に説明してもなかなか通じません。

どうしたらいいかなと悩んでいる時に、東日本大震災がありました。東日本大震災が起きて28日目から2年の間に宮城、岩手、福島、そして茨城、千葉、山形……被災地をずーっと巡り続けました。

チェルノブイリ原発はどこの国？

私は洋服を持ってないんです。法衣しか持ってないから、この格好で行く。そして「奈良から来ました薬師寺の大谷徹奘といいます。何か手伝えることがあれば手伝わせて下さい」と伝えると、どこでも私を受け入れてくれました。

だけど、ただ1か所だけ、どんなに頼んでも入れてくれないところがありました。それが、福島第一原発20キロ圏内でした。法律で入ることを禁止すると定められていたからです。

私、ずっと被災地を歩いているから知っています。津波とか地震は地球規模の話だから、人間の相手にはならないということを。だから津波が来たら逃げるしかないんです。だけど、原発だけは作った人間の罪が大きい。

私は東京の育ちなんですが、恥ずかしながら、福島県で作っている電気で、自分が生きてきたことを知りませんでした。日本に50いくつも原発があるということも知りませんでした。

先日、青森県六ヶ所村の近くに行きました。その前には愛媛県の伊方原発の入り口の所まで行きました。

そういう所でいつか災害に遭うかもしれない。その時に、福島の時はこうだったからこうしましょうって大きな声で言えたら、ひとりでも救えるんじゃないかなと思います。そんな思いからどうしても原発問題の勉強をしたかった。だけど入れてくれないのです。

願ってみるものですよね、その後、ルールが変わりました。2週間に一度だったら、セシウムの量の低い所に住んでいた人は荷物を取りに行ったり、掃除をしに帰ったりしてもいいよということになったんですよ。

ありがたいことに、福島第一原発から11km、第二原発から3kmのところに浄土宗の浄林寺という寺があって、そこの住職である早川光明《こうめい》先生と大変親しい間がらです。私はそこの関係者ということにしてもらって、はじめて規制されている20km圏内に入らせてもらいました。

そしたらね、入るまではめちゃくちゃ厳しいけれど、入ったら比較的自由に動ける。早川先生の車に乗せてもらって規制圏内に入った途端にこう言われました。

「徹奘さん、死んだ街、見てみるか」って。

どこかの政治家が「死んだ街」って言ってものすごく叩かれたけど、それは政治家の言葉じゃないんですよ。地元の人たちから出る言葉なんです。

私は勉強だから、「はい、是非お願いします」といって、ぐるーっと被災地を巡って行きました。

私には第一原発の中に入る資格はありませんので、ゲートの前に行って、ものすごくたくさんの人が働いているのを見ました。そして掌を合わせ、これ以上不幸が広がりませんように。作業してくださっている方々が安全でありますようにと祈りました。

次に車が第二原発の前に止まると、すべてを奪われた早川先生が私にこう言ったんです。

「東電はね、明日にでも福島第二を動かしたいんだよ」と。こう言われるんです。

今日いらっしゃる方だったらたぶん全員覚えておられると思います。

あの原発の問題が起こった時に、国民の皆さん方が首相官邸の周りを渦のようになって、「原発反対！」「原発反対！」ってやっていたじゃないですか。

その朝私は、いわき市に泊まっていました。

朝のＮＨＫのニュースでその反対運動をずーっと見ていました。すると私の心の中にはいつの間にか「原発はダメだなぁ」という験《しるし》がついていました。

「東電は明日にでも動かしたいんだ」と聞いた私はすぐに反論します。

「ふざけてますね、こんなにみんなを不幸せにしているのに、まだ動かしたいんですかね」と。

すると早川先生が「そうだそうだ」と相槌を打ってくれると思っていたんですよ。

しかし、原発事故によって全てを失くした早川先生がこう言うんです。

「動かした方がいいんだよ」って。

ええ⁇　いったいこの人は何を言ってるのかな？　まったくわからない。わからないから、聞くしかないじゃないですか。私は聞いたんです。

「なんでそんなこと言うんですか」って。

すると私は逆に攻め込まれました。

「徹奘さん、あんた、チェルノブイリ原発って知ってるか」

「はい、知ってます」

「チェルノブイリ原発ってどこの国か知ってるか」

「はい、知ってます」

「じゃあ、チェルノブイリ原発は今どんな状態か知ってるか」って。


どんどん、どんどん攻められていったら、私が知っているのは、正直言うと、チェルノブイリという名前だけだったんです。


「東電の問題はね、世界中の賢い人たちを集めても解決できない問題。自分の国できちっとした科学者を育てなかったら、この問題は永遠に野放図になる。だから原発を動かして、問題を解決できる科学者を育てた方がいいんだよ」

と言われました。


さっき皆さん方に、⑧の外側に我の強い人の特徴を書いていただきましたね。それじゃみんなでいっしょに読んでみましょう。我の強い人の特徴、さん、はい、「人の話を聞かない」。人の話を聞かないと、ひとりぼっちになっちゃうんだよね。だったら話を聞けばいいんです。

私たちは話を聞くという時には「門」に「耳」と書く「聞」という字を書きますけれど、これは音が入ってくるゲートという意味です。

それに対して、相手が何を言いたいかって考える時には、「聴《ちょう》」と書きます。

そして話を聴くのですから、ここに話という字を書いて「聴話《ちょうわ》」。

はいこれが⑫に入る言葉です。

皆さん方よく聞いて下さいよ。

さっき、⑪に「仲良しが調う」という意味で「調和」と入れてもらいました。

はい、読んでみましょう、⑪は、さん、はい「ちょうわ」。

⑫の人の話を聴くのは「ちょうわ」。同じ読みだったんです。

人生で最後かもしれないこと

私は勉強している時にこの⑫「聴話」という言葉が出てきたので、国語辞書にあるのかなと思って調べてみましたが、「聴話」という言葉は国語辞書にはありませんでした。

しかし、しつこく調べていくと、この「聴話」という字の下に「器」という字をつけて「聴話器」という言葉が見つかりました。

何のことかというと、おじいちゃんおばあちゃんが耳につける補聴器のことです。明治時代には、実は補聴器といわず、聴話器といった。聞こえない話を聴くための道具。

話を聴くということは、それは体験、経験をすることですよね。すると⑫が①につながって、①、②、③、④、⑤、⑨、⑩、⑪、⑫で循環式になっていくわけです。

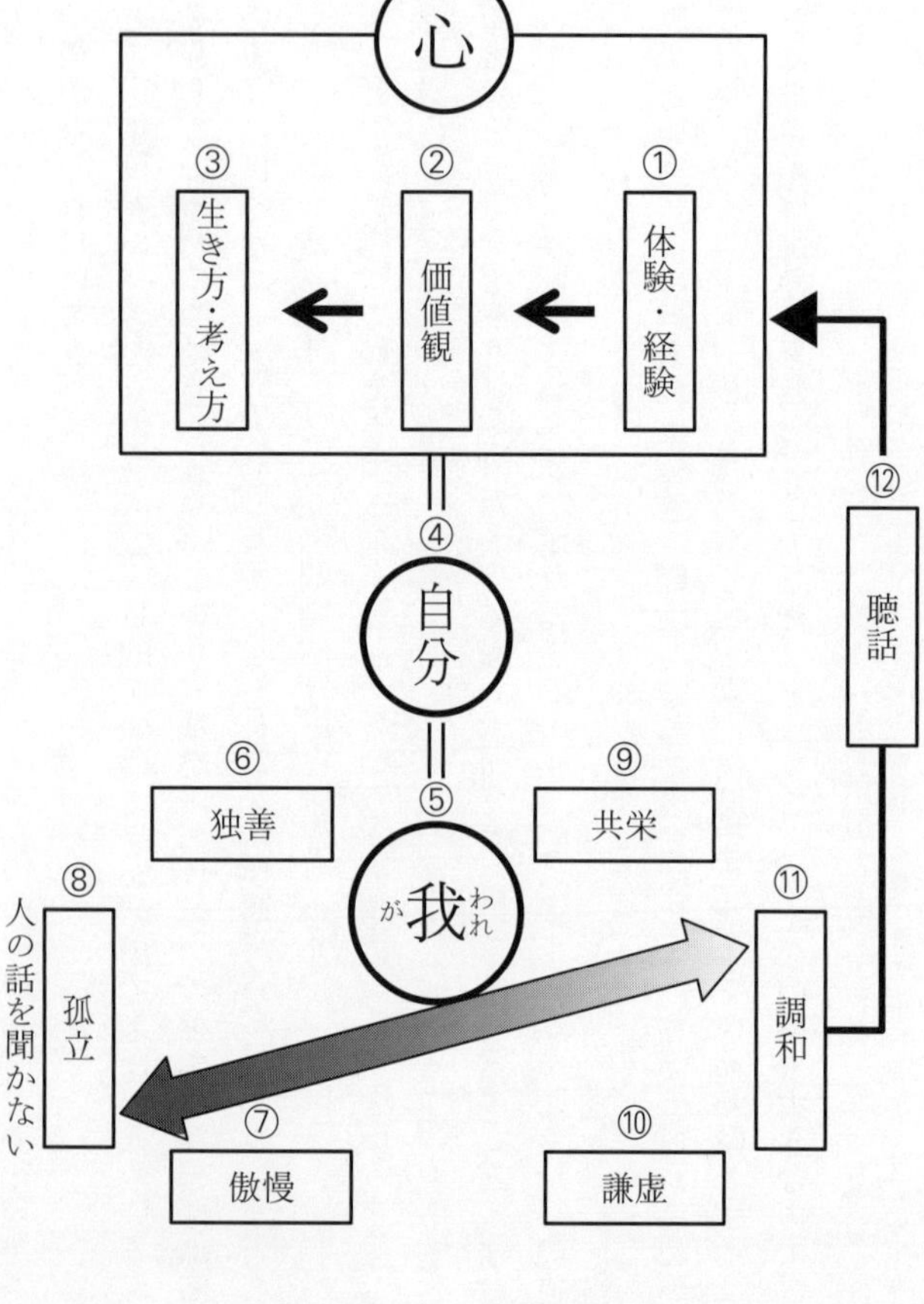
心
③
生き方・考え方
②
価値観
①
体験・経験
④
自分
⑤
我《が》《われ》
⑥
独善
⑦
傲慢
⑧
孤立
人の話を聞かない
⑨
共栄
⑩
謙虚
⑪
調和
⑫
聴話

今日来ている方々は、意識を持って勉強しに来ているわけですから、この循環があるわけです。

だけど、定年後のお父さん方の中には、目的を失って家から出て来ない人がいるんです。そうすると、家の中でテレビの前に座り、くだらないテレビをあはは、あははと見ている間に自分の頭もあははになってしまうわけです。

皆さん方、笑われているけれど、これ間違いないことなんです。

年をとったらだんだん外に出ることがなくなって、経験が少なくなっていくんです。だから年寄りは、自分が若かった時の経験、体験を、一生懸命くり返し話すことになるんです。

なぜ同じことをくり返すのか。それしかないからですよ。年をとっても新しいことが頭に入ってくる人は、本当に人間が若い。110歳で亡くなったおばあさんがいらして、そのおばあさんは100才過ぎまで薬師寺に通ってお写経をされていました。

そのおばあさんは僕のことが大好きでした。そうするとみんなの前で大きな声で言うんです。

「徹奘さん、お坊さんはやっぱり若くていい男がいいね」って。

100歳を越えてもこれから恋でもしようかっていう感じ、こういう人はお元気です。また頭の回転も衰えていませんでした。

聴話して初めてわかること

ある時、バス旅行をしましたら、40代、50代が中心だったんですけど、ひとり80歳を越えたおばあさんが同行されました。

若い人はお寺参りにそれほど熱心ではありません。みんなの楽しみは夜の宴会。ですからお寺参りしても、すぐにバスに戻ってきちゃう。

だけどそのおばあさんだけがなかなかバスに戻ってこない。するとね、みんなが文句言うんですよ。

「おばあさんが遅いから行程が遅れる」とか「徹奘さん、ちゃんと連れてきてよ」ってなことを言われるわけです。

そのおばあさんのところに行って、

「ちょっと行程が遅れているので、急いでもらえませんか」ってなんの意識もなく伝えたんです。

すると、おばあさんは私にこう言ったんです。

「徹奘さん、あんた方若い人たちはね、またここに来るチャンスがあるでしょう。だけど私はね、これが人生で最後かもしれないんだ、だから少しだけ時間をおくれよ」って。

おばあさんの話を聞いてはっと気が付いた。

そして私はバスに戻ってその話を、そのまんまみんなにしたんです。そうしたらみんなのおばあさんに対する見方が変わりました。次のお寺からおばあさんと一緒にゆっくりお寺参りするようになったんです。

それはね、おばあさんの話を聴話をしないとわからなかったことです。

そうでしょ、皆さん。お医者さんに行って椅子に座った途端に「はい、あなたはガンです」って言われる？

言われないでしょ？

お医者さんは何て言う？「どうしました？」って言うんです。

人間みたいなものは、いくら修行したって、人の心の中は見えません。今だって皆さん方がどう思ってるかわからないもん。「ああ、いい話だなぁ」と思ってるのか「早く終われよ」と思ってるのかはわからないです。だから、相手から話を聴くことが大切なんですよ。

過去の人とは書物を使って話ができます。生きている人とはこうやって顔を合わせてお互いが話を聴くことが重要なんです。

コロナ禍になって、家に閉じこもったお年寄りの痴呆《ちほう》が進んだり、自殺した人がたくさんいます。人間はやっぱりね、人と会ってしゃべらなきゃダメなんだ。しゃべることによって人と人とが通じ合うんです。

いいですか、もう忘れてしまったと思うけど、恋愛していた頃のことをよく思い出して。「とにかく一緒にいたい、しゃべりたい、触りたいって」、もうそんな感じですよ。

だけど、結婚して数年も経つと、隣に寝ている人を見て「なんでこんなのが寝てるんだろう」って。

夫婦でも仲いい人たちって、つねにぺちゃくちゃぺちゃくちゃしゃべっている。だけど、これは気をつけないと。あんまりしゃべりすぎも良くないんです。

ご主人が死んじゃったら奥さんは頼る人がいなくなって、病気になってしまう。

私をものすごくかわいがってくれていたお方が今年の6月に亡くなったんです。とても家庭的なご主人で、奥さんと1日中しゃべってる人でした。ご主人が亡くなったら、奥さんは家から一歩も出られなくなっちゃった。

それで電話したんですよ。お寺に遊びにおいでよって。だけど来られなくなってしまいました。

だから、ある程度近くにいて、ある程度は離れている、これもまた大事なことなんです。

十円玉はどんな形ですか？

ここで少し別な角度から、私たちが自分の知っていることがすべてであり、そこから我を強くして、最後に孤立してしまうということをお話ししたいと思います。

皆さん方はこの自分の見える範囲内でしかものを認識していないんです。


数か月前、ご婦人の会に法話に行きました。

その時、十円玉はどんな形ですかという質問をしたら、一番前のお母さんが自信を持って「まる！」って大きな声で答えたの。

そこで私が「長四角」って言ったら、
そのお母さん、私を睨みながら「間違い！」って言ったからね。

だけど、「自販機のお金入れるところはどんな形に切り取られてる？」って聞いたら、「ああ！」って言ったの。

結局ね、そんなレベルなんです、私たちの認識は。


私も自分なりに懸命になって学んできました。しかし、所詮、私は自分の見たこと、聞いたことなど、限定的な経験でしかものごとを測ることができない人です。

それを何でも知っているって思ってるから。私たちは自分で「我」を強くしてしまい、孤立への道を歩むことになるのです。

皆さん方のニュースソースは朝のテレビワイドショー。美容院で読む雑誌。そんなもんです。インターネットで何でもかんでも知っているように思うかもしれないけど、あれはすべて人に操作されたものを読んでいるにすぎません。

人の言葉で操作された情報なんだから、自分で確認せずにそれがすべてのように思っていたら、大変なことになりますよ。

幸せの種「思」

さあ、ここまでが心の畑を耕す話です。ここまでを頭に入れて、本題に入ります。

はい、今日皆さん方に持って帰っていただくのは、幸せの種です。

その幸せの種は漢字一字です。

今日は皆さん方にこの一字だけを覚えて帰ってほしいんです。

いきますよ。何ていう字か、それは、「思」という字です。

私たちは思い通りになれば、機嫌がいいよね？　思い通りにならないと、腹が立つよね？

ということは、「思」は「価値観」を表す字といえます。

思い込みっていうのは自分の価値観にこだわること。

思い切るのは、自分の価値観を捨てること。

これから私が話をすることは、「思」という漢字の成り立ちにはまったく関係ありません。皆さん方に幸せを掴《つか》んでいただくために、勉強している間に出てきたのがこの「思」の字です。

いいですか、よく見て下さい。

「思」の字は上が田んぼで、下が心です。

田＋心＝思

お米だけは畑で育ちません。水田と呼ばれる水の溜まる場所でしか育たない。ということは水を溜めるために必ず、畔《あぜ》とか畝《うね》とかいう土手がついている。水田は限られたエリアであるということです。

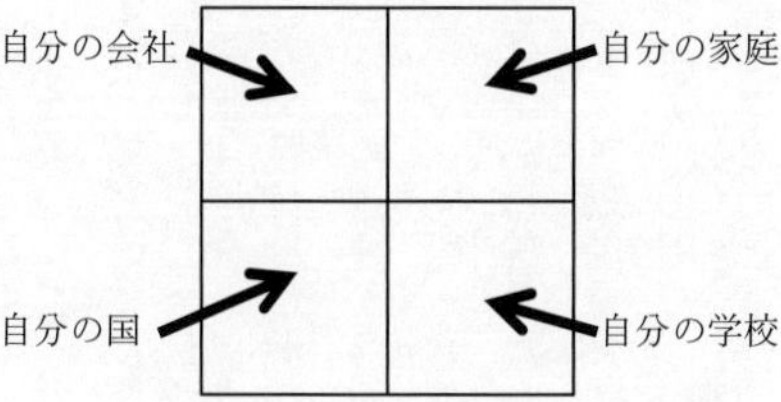

皆さん方は、自分の家庭、自分の学校、自分の会社、自分の国という、そういうところから栄養をいただいて自分の心を育てていくんです。しかし、同じ親から生まれた兄弟姉妹であろうが、同じ学校で勉強していようが、同じ水田で育った人はひとりもいません。

全員が自分の水田で育っていきます。これをしっかり頭に入れておけば、人の話を聴けるようになります。

高校時代、私の親友に10円のお金の貸し借りもしない人がいたんです。彼とジュースを買いに行った時、私は10円足りなかった。だからあっさり「おい、10円貸してよ」って言いました。

すると、瞬間的に「イヤだ」と言われました。いくら親しくても、お金借りるのにちょっと頼み方が雑だったかなと思って、言い直しました。

「後でさ、ちゃんと返すから貸してくれない？」って。

ちゃんと私は下から言ったんですよ。それでも彼は「イヤだ」って言ったんです。下から言ってもダメな時は知ってますよね？　上から言うしかない。

「なんだ、お前よ、10円くらい貸してくれなきゃ友達失うぜ」って上から言った。それでも彼は「イヤだ」と言う。

わずか10円のことで彼が「イヤだ」「イヤだ」「イヤだ」と言うから、私は正直、もうジュースなんかどうでもよくなってしまったんです。

なぜ彼が10円を貸してくれないのか。それが私の興味の矛先になっていました。だから聞いたんです。「おい、お前、なんで10円貸してくれないんだよ」って。

すると彼の顔が急に、それまでの長い付き合いの中で一度も見せたことのない緊張した顔になって、こんな話をしてくれました。

彼のお父さんが人の借金の保証人になった。相手の人が逃げた。そしたらその借金が全部彼のお父さんにのしかかった。

真面目な人で、返そう、返そう、返そうと努力したけれども、返済日の返済時間にあと5万円というお金に手が届かなかった。

45年近く前の5万円です。どんな人からお金を借りたか知らないけれど、時間になって、人が家の中に入り込んできて、家を取られる。目の前で幸せがガタガタっと音を立てて崩れていくのを見ていた。普通の人が普通に生活をしていて、一生で1回体験しないことでしょう。

その修羅場ともいえるような最中《さなか》に、彼のお父さんが彼の横に来て「お金の貸し借りは幸せをこわすから1円たりともしてはいけないよ」と言ったそうです。

どうでしょうか。この話を聞いたら、10円を貸してくれない彼はせこい？　間違ってる？　何にも間違ってませんよ。

お陰様で私にはそういう過酷な経験がありません。だから私は瞬間的に貸してくれないだからお金を貸してくれて当たり前だと思ってた。だから私は瞬間的に貸してくれない彼は間違っていると思ったんです。

しかし、私は彼から話を聴きました。聴くことによって、彼の水田に流れている水を自分の水田に引くことができました。

私は、自分の考えは間違いだという考え方はしません。自分は正しいけれど、彼もまた正しいと言い直すことができたのです。

皆さん方ね、よーく考えてみて下さい。

人間同士はどうしてぶつかるかというと、価値観の相違でぶつかるんですよ。自分の発言を一度止めて、相手の話を聴くところから対話すれば、争わずにすむ答えは出てくるんですよ。

今度のウクライナの問題だって、もっと対話すれば良かったんですよ。腹を割ってしゃべれば良かったんです。しかしみんな自分の価値観だけを大切にし過ぎて我を強く張ってしまい、それを崩せないもんですから、武力行使になってしまったんです。殺されたくない、殺したくないと思っている人たちばかりなのに、数多くの尊い命が亡くなっているんです。戦いが引き金となり、今度はウクライナからの食べ物が出ない。ロシアからの食料、エネルギーが出ないということで、また、多くの死者が出てしまっているんですよ。

この会場には、国を動かすような人はいませんよ。だけど、ひとりひとりが自分の周りの人々との関係を調えていくことが大切なのではないでしょうか。

さっき、皆さん方と「調和」という言葉を勉強しました。「調」の字を「ちょう」「しらべる」「ととのえる」と読みましたが、もうひとつ読み方があります。

この字は「やわらぐ」と読む字なんです。

そして「和」という字も「やわらぐ」と読むんです。

実は「調和」という言葉は「やわらぐ」という意味を持つ言葉を重ねた強調語だったんです。

調《やわらぐ》和《やわらぐ》

私たちが暮らす社会は今、自己主張の強い社会になってきました。確かに自己主張は必要でしょう。しかし、調える時には調えなかったら争いごとだらけになります。信号だって守らなかったら必ず交通事故になるんです。

今日前半の話では、「心のしくみ」を学ぶことによって心の水田を耕しました。そこへ「思」という幸せの種をまきました。どうぞこの「思」という一字をご家庭に持ち帰ってもう一度よく考えていただけないでしょうか。間違いなく聴話が和を調えてくれるようになると思います。今日の私の話はここまでにさせていただきます。それではご起立下さい。

新型コロナウイルス感染症拡大で困難が続き、世界を見渡せば、紛争、貧困、災害、事故……たくさんの不幸がある中で、今日、こうして平和を与えられて仏様の前に集い、一緒に学びの場を与えられたことに感謝して、皆さん方とできるだけ大きな声で「ありがとうございました」の言葉で終わりたいと思います。

「ありがとうございました」

調和は聴話から

てつじょう

第三章　救いの言葉「観自在」

お釈迦様の入滅からおよそ300年後、言葉で伝えられていた教えは、初めて文字化されました。最初に文字化されたお経のひとつに『法句経《ほっくきょう》』があり、次のように説かれています。

この肉体はやがて朽ちはてる。これは病気の巣立つ住所であり、いつ破られるかわからないものである。腐敗したこの身体は損ない易く、生あるもの、帰着するのは誠に死である。※1

この他にも「死の自覚」が要所要所で説かれており、お釈迦様の教えの根底には「死に裏付けされた生」、つまり「限りある命をどう使うのか」が流れていることがわかります。

お釈迦様の教えを中国に伝え漢訳された玄奘三蔵《げんじょうさんぞう》の志を重ね合わすことの出来る言葉が遺されています。

私は先に誓ったではないか。インドに達するまでは一歩も東には帰らぬと。何のためにここまで来たのか。東に向いて生きながらえるより、むしろ西に向いて死

※1『法句経』一四八（現代語訳は『法句経』友松圓諦著 講談社学術文庫より引用）

ぬべきである。※2

この言葉を大切にされたのが、師匠・高田好胤《こういん》和上《わじょう》でした。そしてこの玄奘三蔵の信念ともいうべき思いを「不東」という文字に込められ、玄奘三蔵院伽藍落慶時に、玄奘三蔵のご頂骨をお祀りする玄奘塔に自ら揮毫《きごう》された扁額《へんがく》を掲げられました。

当時、師匠が「玄奘三蔵・不東のご精神」と題した法話をされていたのを、くり返し聞かせていただきました。その法話されるお姿を拝していると、師匠が「お写経勧進による金堂復興」から始まった「薬師寺の白鳳伽藍復興」という、歴代の住職が成し得なかった願いを一身に受けて、苦難の道を歩かれた時に、玄奘三蔵のご精神を

玄奘塔に掲げられている
高田好胤和上の筆による
「不東」の扁額

玄奘三蔵のご頂骨が祀られる玄奘塔

※2『中国唯識思想史研究　―玄奘と唯識学派―』吉村誠著
大蔵出版刊より引用

鏡とされていたことが、ひしひしと伝わりました。

翻訳は思想なり

修行を始めた頃、師匠から「翻訳は思想である」と教えられました。翻訳には、翻訳する人の経験が大きく影響を与えるからです。例えば、どんなにかわいい猫であったとしても、猫に引っ掻かれたことのある人は、無意識に敬遠してしまう、というようなものです。

私が龍谷《りゅうこく》大学に入学した時、師匠から贈られた本の一冊に、高神覚昇《たかがみかくしょう》先生の『般若心経講義』がありました。巻末に寄稿されている仏教学者・紀野一義《きのかずよし》先生の解説文の中に、玄奘三蔵の翻訳した『般若心経』に関する次のような一文があります。

玄奘の訳はたいへん名訳であり、原文をはなれて独立に存在理由があるほどすぐれたものである。（中略）サンスクリットの原文にはそれほど深い意味が込められていないのに、玄奘の漢訳には深い意味や余韻が込められている部分もあったりして、漢字の持つ特殊な味わいに驚かれるであろう。※3

※3『般若心経講義』高神覚昇著　角川文庫より引用

この言葉をお借りしていえば、玄奘三蔵の翻訳した『般若心経』は、原文を超えた漢訳がなされているのです。そこまで高い評価を受ける玄奘三蔵は、どのような人生経験をされたのでしょうか。

玄奘三蔵の見た「死」

答えを見つけるべく玄奘三蔵の伝記をくり返し読む中で、玄奘三蔵に大きな影響を与えたのは、幼少期から何度も経験した「死」との直面ではないかと思うようになりました。そこで特に玄奘三蔵に大きな影響を与えたと考えられる、四つの「死」に関する出来事を紹介したいと思います。

①両親の早世（肉親の死）

玄奘三蔵は602年（隋・仁寿《にんじゅ》2年）に中国洛陽の陳家の四男として誕生。先に出家した兄の元で生活をしている時に、その聡明さを認められ僅か11歳にして出家されました。

幼少での出家の理由は、出家以前に両親が相次いで亡くなり、兄の元に身を寄せていたからだといわれています。以前洛陽において陳家直系の末裔《まつえい》のお方にお会いした時に、この両親の早世の話を聞きました。真意のほどは私にはわかりませんが、もし両親を早くに亡くされていたとするならば、幼い少年の心に生じたであろう苦しみは耐え難いものだったでしょう。

②　隋から唐への混乱（戦争による死）

玄奘三蔵は隋末期に生まれ、初唐期に活躍されました。ちょうど王朝が変わるという一大変革期で、世情は大いに乱れて戦争となります。戦争は人の尊い命を奪います。洛陽の町は激戦地となり遺体の山が築かれたと伝えられます。この時、玄奘三蔵は戦争による、罪のない多くの人々の死を目の当たりにされています。

③　タクラマカン砂漠での瀕死《ひんし》（自分の死との直面）

断片的にしか伝えられていなかった仏教を、総合的に学ぶために玄奘三蔵はインドへと向かうのですが、その道は決して安易なものではありませんでした。鎖国の法律を犯しての過酷な旅。多くの困難がありましたが、何といっても最初の難関はタクラマカン砂漠を渡ることでした。現代においても困難を極める砂漠での旅程を進まなくてはならなかったのです。その様子が次のように記されています。

百里進んだところで道を失った。あると聞いていた泉も見当たらない。水を降ろして飲もうとしたが、袋が重く手を滑らせひっくり返してしまった。千里の行資が一日で尽きたのである。道もわからず、どこへ向かってもいいかわからない。（中略）水が無いのは苦しい。喉が渇いて進むことが出来ない。これまで四泊五日のあいだ一滴の水も飲めず、口から腹までカラカラに乾いて、ほとんど気絶しそうであった。※4

この一文からタクラマカン砂漠において、玄奘三蔵自身が死のギリギリまで追い込まれていたことがわかります。

④　天山山脈越えでの同行者の凍死（仲間の死）

タクラマカン砂漠に次ぐ難所は天山山脈越えでした。

※4　前出『中国唯識思想史研究　―玄奘と唯識学派―』より引用

山道は険しく、超えるのは困難である。加えて吹雪にみまわれ、皮の靴や衣を二重にしても、寒さにおののくことは避けられない。眠ったり食べたりしようにも、停まるべき乾燥したところがない。（中略）七日後にようやく凌山を出た。一行のうち凍病で死んだ者は十人の内三、四人。※5

玄奘三蔵像（部分）　元禄時代
明誉古礀筆　江戸時代　17C
画僧・古礀研究会蔵

※5　前出『中国唯識思想史研究　―玄奘と唯識学派―』より引用

ここに記されているように、天山山脈越えでは同行者10人の内、3、4人が凍死しているのです。目前で仲間を失った玄奘三蔵の哀しみは、計り知れません。玄奘三蔵自身も間違いなく「死」を覚悟していたと思います。

薬師寺にお世話になってから40余年、その間に多くの方から様々なお話を聞かせていただきました。その中で特に心に残っているのは、戦争体験、肉親の死、友の死、更には病気や事故により自分自身が死と直面された方々が、「死」を通して人間の有限性や儚《はかな》さを知り、その時から自分の命を必死になって生きるようとするスイッチが入ったという話です。「死の自覚」は、間違いなく命の使い方に大きな影響を与えることを教えていただきました。

玄奘三蔵もまた、自らが体験された「死」との直面によって、精神力をより一層強くされたことでしょう。そして、その「死」を通じて強くなられたご精神が凝縮された言葉が「観自在」だと、私は受け止めています。

観世音と観自在

玄奘三蔵は真の仏教を求めて、インドへと旅立ちました。とてつもなく苦しい道を歩き続ける中、常に「観世音菩薩」に祈り、『般若心経』を読誦《どくじゅ》し、困難を越えられました。

その「観世音菩薩」に救われた玄奘三蔵が、中国へ戻り新たに『般若心経』を翻訳した時、「観世音菩薩」を、「観自在菩薩」と書き換えられたのです。そこにはよほどの信念がなかったならば、広く大衆の中に溶け込んでいた「観世音」を「観自在」と書き換えることはなかったはずです。

サンスクリット語のアヴァローキテシュバラを「観世音」と訳されたのは、鳩摩羅《くまら》什《じゅう》三蔵（344〜413または350〜409）。玄奘三蔵（602〜664）よりもおよそ250年前に活躍をされた大翻訳家です。その名訳「観世音」という名の菩薩様は、人々の心を捉え、世間へと広まっていきました。

では何故に、玄奘三蔵は大衆に認知されている「観世音」を「観自在」に書き換えたのでしょうか。

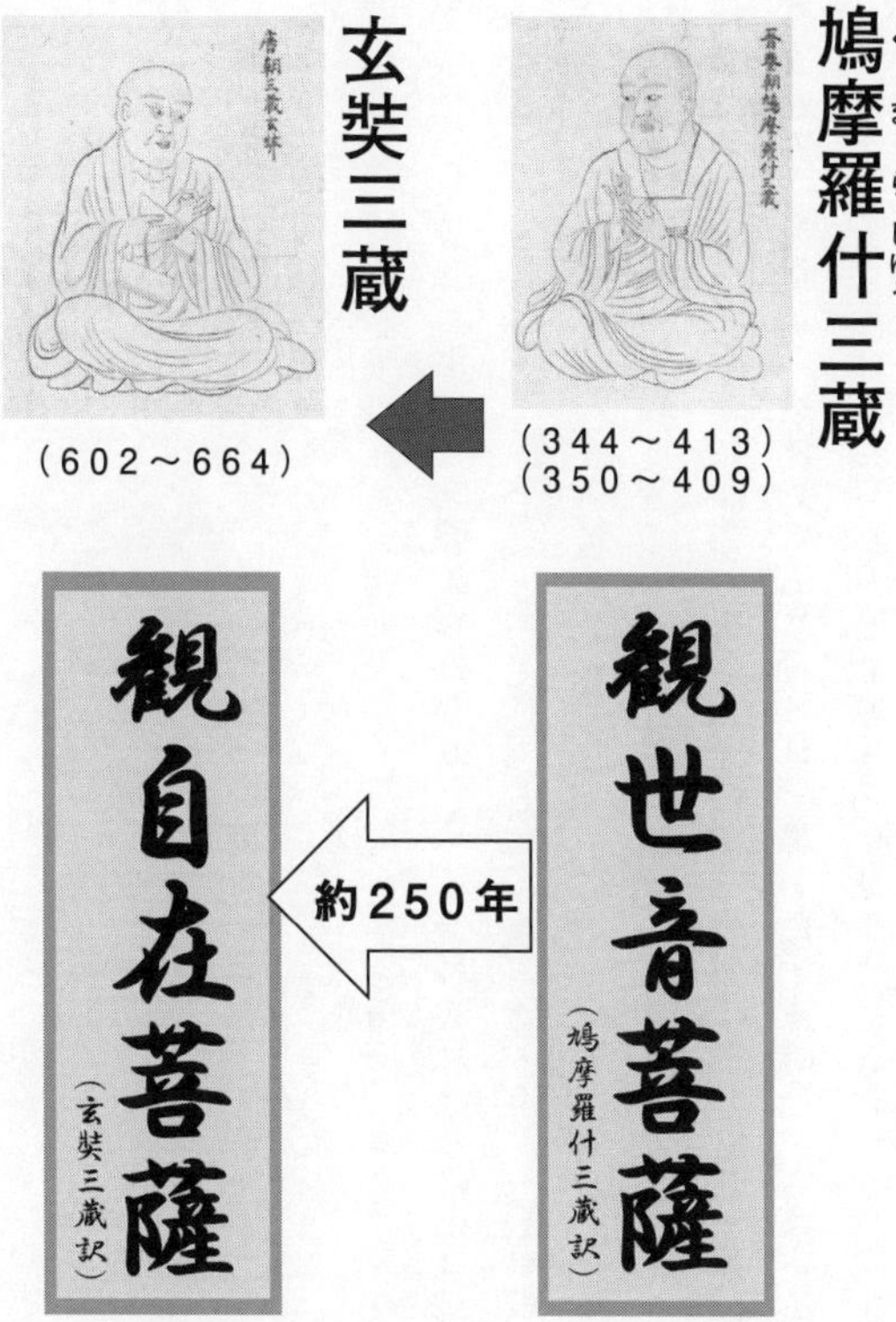
鳩《く》摩《ま》羅《ら》什《じゅう》三蔵
(344～413)
(350～409)
玄奘三蔵
(602～664)
観世音菩薩
(鳩摩羅什三蔵訳)
約250年
観自在菩薩
(玄奘三蔵訳)

ここからはまったく私の解釈なので言語学的にも、学問的にも間違っているかもしれませんが、こんな理解の仕方もあるんだなぁ程度で読み進めていただければ幸いです。

私は漢訳仏典を学ぶ時に「翻訳者は何故この漢字を当てたのか」と考えながら、経文を読み進めるようにしています。その理由は漢字が一字一字に意味を持つ表意文字だからです。

そこで鳩摩羅什三蔵が訳された「観世音」という言葉を紐解いてみると、「観」と「世」と「音」となり、「世の音を観よ」となります。それを私なりに「外側に向かって注意をはらえ」と理解しました。それに対して「観自在」は、「観」と「自」と「在」ですから「自らの在り様（存在）を観よ」となり、「自分に向かって注意をはらえ」となります。つまり「観世音」と「観自在」は、正反対なのです。

確かに私たちは環境の中で生かされていますので、外側に細心の注意を働かさなければなりません。ですから肉体的にも、目・耳・鼻・口・皮膚という5つのアンテナが発達しました。その反面、自分自身を観察するアンテナはひとつも持っていません。それがもととなって無意識に「自分のことを棚に上げ」た発言や行動をとってしまうのです。

師匠から「人間は追い込まれた時に、その人の本性が出る」と教えられました。ここで大切なのは「追い込まれた時」という設定です。人間が一番追い込まれるのは、間違いなく「死」に直面した時だと思います。その「死」に何度も対峙《たいじ》してきた玄奘三蔵は、日々を追い込まれた時と受け止め、つねに自分の在り様を観ることを忘れずに生きることが大切だと考えられたのではないのでしょうか。

どのような環境に身を置いたとしても、最後は環境ではなく、その時の自分の意志とそれに伴う行動が何よりも大切。加えて苦しみの中に身を置いた時に、決して責任転嫁をするのではなく、自分の意志を確認し、すべてを自己責任として歩を進めることが大切だということを、「観自在」という言葉に込められたのだと思っています。

おわりに

宗教には「救い」がなくてはなりません。経文を学問上の話で終わらせてしまえば、決して「救い」にはならないのです。

僧侶の道を長い間歩いていても、心には常に迷いが生じます。上手くいかないことがあれば相手に憎しみを抱いてしまったり、批判の言葉を発してしまったりすることもあります。そしてそのような言行をとれば、更に苦しみを深くしてしまうという体験を何度もしてきました。

玄奘三蔵はとてつもなく強い信念と実行力で、偉業を成し遂げられたすごいお方です。しかし、どんなお方であったとしても、迷いはあったと思います。迷われた時に何においても自分自身がどうしたいのか、どう行動するべきなのかを確認して一歩前へ出ることをご存知だったからこそ、「観世音」を「観自在」に書き換えられたのだと思います。

私が大切にしている『法句経』に次のような一節があります。

まことに自己こそ自己の救護《ぐご》者である。一体、誰がこの自己の他に救護者に成り

うるものがあろうか。よく制せられた自己にこそ、吾らは他にえがたき救護者を見出すことが出来る。※6

この『法句経』の教えは、お釈迦様の教えの真髄です。『法句経』は西暦224年には中国に伝えられ漢訳されていますから、玄奘三蔵もきっと『法句経』に説かれるお釈迦様の心はご存じだったと思います。そしてこの素晴らしいお釈迦様の教えを、玄奘三蔵は「観自在」というわずか三文字に凝縮されたのだ、そう私は信じています。

「観自在」は救いの言葉

最後にお伝えしたいことがあります。

それは私自身が苦しみや悲しみに直面した時に、お念仏のように「観自在、観自在、観自在……」と、自分自身に聞こえるように声に出してくり返しお唱えしているということです。その時に「観自在」の下に、

「観自在・自分の考えだけを正しいと思い込んでいないか」

※6『列聖絵伝』江戸時代　十九世紀　薬師寺蔵

「観自在・進むより逃げるを選択しようとしていないか」

「観自在・苦し紛れに逆恨みの心を抱いていないか」

などと言葉を付け加えて唱えています。これによって今までどれだけ、揺れる自分が調えられ、苦しみから救われたかわかりません。私は「観自在」は救いの言葉だと思っています。

読者の皆様も苦しみや悲しみに直面された時に「観自在・自分の在り様を観よ」と、くり返し唱えてみて下さい。観自在菩薩が、必ずお導き下さり、救って下さいます。

合　掌

あとがき

「いのり」を漢字で書くと「祈り」となります。「祈り」の「祈」は示偏に斤と書きます。示は祭壇を、斤は近づくことを意味し、祭壇に近づくという意味の漢字です。では祭壇に近づいて何をするのでしょうか。それこそが「いのり」です。

先輩僧侶から「いのりは意乗り。意（こころ）を乗せて生きること」と教えられ、何事にも意識を働かせ熱心に勤めよと教えられました。

先般、「いのり」を学び直していると「生宣り」とも書くことを知りました。「生」は「いのち」のことですから、これを「私は与えられた生（いのち）を〇〇に使って生きて行きます」という宣言であると受け止めました。

幸せな人生にとって不可欠なもの、それが「いのり」なのです。

合　掌

令和五年三月五日

―――本書のプロフィール―――

第一章　書き下ろし。

第二章　群馬県高崎市での法話（令和4年11月6日）を筆録、加筆修正したものです。

第三章　薬師寺での法話テキスト『救いの言葉「観自在」』に加筆修正したものです。

小学館文庫

幸《しあわ》せの法《ほう》則《そく》

著者　大谷徹奘《おおたにてつじょう》

二〇二三年四月十一日　初版第一刷発行
二〇二四年一月十四日　第三刷発行

発行人　大澤竜二
発行所　株式会社　小学館
〒一〇一-八〇〇一
東京都千代田区一ツ橋二-三-一
電話　編集〇三-三二三〇-五九〇一
　　　販売〇三-五二八一-三五五五
印刷所　――大日本印刷株式会社

この文庫の詳しい内容はインターネットで24時間ご覧になれます。
小学館公式ホームページ　https://www.shogakukan.co.jp

ISBN978-4-09-407248-8